职业院校汽车类
"十三五"规划教材

U0742429

夏志华 宋依桐 宋晨媛 / 主编

娄万军 高伟 姜伟 闫淑仙 / 副主编

汽车营销
服务礼仪

人民邮电出版社

北 京

图书在版编目（CIP）数据

汽车营销服务礼仪 / 夏志华，宋依桐，宋晨媛主编
. -- 北京 ：人民邮电出版社，2021.9（2024.1重印）
职业院校汽车类"十三五"规划教材
ISBN 978-7-115-53849-9

Ⅰ. ①汽… Ⅱ. ①夏… ②宋… ③宋… Ⅲ. ①汽车－
服务营销－礼仪－高等职业教育－教材 Ⅳ. ①F766

中国版本图书馆CIP数据核字(2021)第191568号

内 容 提 要

本书系统地阐述了汽车营销服务礼仪，全书共 8 章，内容包括：汽车营销服务礼仪概述、服务形象礼仪、接待礼仪、位次礼仪、交谈礼仪、商务通信礼仪、仪式礼仪和求职面试礼仪，每章都附有实训与练习。本书通过经典案例和图片，使学习者易于掌握汽车营销服务礼仪的基本知识和规范要求。

本书可供职业院校汽车营销与服务专业教学使用，也可作为汽车运用与维修技术专业等相关专业的教材，还可供汽车行业工作人员的培训或自学用书。

◆ 主　　编　夏志华　宋依桐　宋晨媛
　　副 主 编　娄万军　高　伟　姜　伟　闫淑仙
　　责任编辑　刘晓东
　　责任印制　王　郁　彭志环
◆ 人民邮电出版社出版发行　　北京市丰台区成寿寺路 11 号
　　邮编　100164　电子邮件　315@ptpress.com.cn
　　网址　https://www.ptpress.com.cn
　　固安县铭成印刷有限公司印刷
◆ 开本：787×1092　1/16
　　印张：9　　　　　　　　　　2021 年 9 月第 1 版
　　字数：226 千字　　　　　　　2024 年 1 月河北第 4 次印刷

定价：39.80 元
读者服务热线：(010)81055256　印装质量热线：(010)81055316
反盗版热线：(010)81055315
广告经营许可证：京东市监广登字 20170147 号

习近平总书记在党的二十大报告中深刻指出，"培养造就大批德才兼备的高素质人才，是国家和民族长远发展大计"，并且强调要大力弘扬劳模精神、劳动精神、工匠精神，激励更多劳动者特别是青年一代走技能成才、技能报国之路。本书全面贯彻党的二十大报告精神，以习近平新时代中国特色社会主义思想为指导，结合企业生产实践，科学选取典型案例题材和安排学习内容，在学习者学习专业知识的同时，激发爱国热情、培养爱国情怀，树立绿色发展理念，培养和传承中国工匠精神，筑基中国梦。

礼仪是人们生活和社会交往中约定俗成的一种行为规范。人们可以根据各式各样的礼仪，正确把握人与人交往的尺度，合理地处理人与人的关系。任何企业成员的个人形象都蕴含着企业的文化，体现着企业的形象，并且代表着企业产品的形象，因此，礼仪对企业从业人员来说极其重要。

汽车营销服务礼仪是汽车营销服务人员、汽车配件销售员、汽车维修技师等与汽车行业有关的从业人员必须掌握的技能，也是职业院校汽车类专业的一门重要专业基础课程。

本书通过对汽车营销服务礼仪的规范等方面的详细论述，帮助学生加强汽车市场服务意识，为其提供服务礼仪基本知识。书中详细介绍了汽车营销服务礼仪概述、服务形象礼仪、接待礼仪、位次礼仪、交谈礼仪、商务通信礼仪、仪式礼仪和求职面试礼仪等内容。尤其对汽车营销与服务专业的学生来说，提前学习求职面试礼仪的相关知识，有助于规范自己的行为，为将来就业做好准备。

通过8章的学习和训练，学生不但能够掌握汽车营销服务礼仪的基础知识，而且能够掌握工作中涉及的礼仪技巧方法，提高素养和心智能力。

本书的参考学时为48~64学时，各学校可按照自身专业设置的具体情况灵活分配，建议采用理论实践一体化教学模式，各章的参考学时见学时分配表。

学时分配表

章	课 程 内 容	学 时
第1章	汽车营销服务礼仪概述	4~6
第2章	服务形象礼仪	6~8
第3章	接待礼仪	8~10
第4章	位次礼仪	6~8
第5章	交谈礼仪	6~8
第6章	商务通信礼仪	6~8
第7章	仪式礼仪	6~8
第8章	求职面试礼仪	6~8
学时总计		48~64

　　本书由吉林交通职业技术学院夏志华、深圳星云极客科技孵化器有限公司宋依桐、吉林交通职业技术学院宋晨媛任主编，吉林交通职业技术学院娄万军、高伟、姜伟、闫淑仙任副主编。具体分工：夏志华编写第1章，高伟编写第2章，宋晨媛编写第3章，姜伟编写第4章，闫淑仙编写第5章，娄万军编写第6、7章，宋依桐编写第8章。

　　由于编者水平和经验有限，书中难免存在不足之处，恳请读者批评指正。

编　者
2023 年 5 月

第1章
汽车营销服务礼仪概述

【学习目标】

- 了解礼仪的起源，能遵循相应的礼仪原则，处理好人际关系。
- 能正确理解礼仪是个人素养的体现，是道德调控的方式。
- 掌握汽车行业从业人员职业道德规范，能够融会贯通于工作中。
- 了解礼仪学习的途径及学习内容，能根据专业特点正确掌握学习方法。

【案例导入】

出身市井的刘邦一度想要破除令他头疼的繁文缛节，结果正是这位汉朝开国皇帝责令臣下重建各式礼仪。刘邦当上皇帝后，便下令把秦朝的繁文缛节、法令全部废除，一切从简。一次宴会上，君臣称兄道弟，无拘无束，醉态百出，不成体统。刘邦生气了，担忧了，怕以后有令不行。于是他命一位叫叔孙通的大臣召集儒生，参照周朝和秦朝的礼仪，结合汉初的实际情况制定了汉朝的礼仪，这就是司马迁所谓的"礼法兴汉"。"兴于汉"的中华礼仪，古代有"五礼"之说：吉礼、嘉礼、宾礼、军礼、凶礼。今天的民俗界则认为"礼"包括生、冠、婚、丧4种人生礼仪。礼仪就是人与人的交往：微笑、鞠躬、握手、拜访、接待、宴请、交谈等，小到生活中的方方面面，不一而足。可以说，一个人一生的种种行为和经历都和礼仪密不可分。

博大精深的中华礼仪对于今天的人们来说，又有多少可以借鉴呢？

1.1 礼仪的内涵

礼仪的发展与确立并非一蹴而就，它伴随着人类历史的起伏而不断变化。为了更好地了解现代礼仪的丰富内涵、功能和作用，有必要对礼仪的历史发展脉络进行全方位的认识。

1.1.1　礼仪的起源

礼仪的起源，可追溯到原始社会。随着原始社会生产力水平的不断提高，社会交往扩大，财产和权力的分割出现，原始先民意识到，要想构建和谐的社会关系，减少纷争和摩擦，必须遵循一定的行为准则，礼仪由此产生。关于礼仪的起源，归纳起来，大致有以下几种说法。

1. 礼仪源于俗

所谓俗，即民间的风俗。我国近代思想家刘师培曾说过："上古之时，礼源于俗。"俗是礼的源头。自从人类社会出现，风俗就应运而生。原始社会最早的社会习俗，其实就是共同生活的人们用以维护人际关系的规矩，是一种约定俗成的规矩。

2. 礼仪源于祭祖

远古先民对生存环境中出现的风雨雷电、洪水猛兽、日月星辰、生老病死等现象感到迷惑不解，认定冥冥之中存在着一种超越现实和自然的力量，即鬼神，认为一切不可解释的神秘奇迹和令人惶恐的灾祸现象，都源于鬼神意志的驱使。为了去祸降福，原始先民把最好的食物虔诚地贡奉给鬼神，形成了庄严而隆重的祭祖仪式。

3. 礼仪源于人际交往

中国人认为礼仪源于男女交往。在古代人眼里男女有别，必须用礼来区分。传说华夏第一对夫妻伏羲与女娲在结婚时，伏羲"制嫁娶以俪皮为礼"，从此就有了礼。人们在交往中难免有喜怒哀乐，礼的作用在于使之"发而皆中节"（《中庸》），即恰到好处，而不对别人造成伤害，于是便有了相应的种种规定。

由此可见，礼仪是风俗、祭祀、人际交往等活动的综合产物。在古代，礼不仅是日常行为的规范与准则，同时还是社会的政治、经济制度的体现，起着"经国家，定社稷，序民人，利后嗣"的作用。

1.1.2　礼仪的原则和功能

现代礼仪从传统礼仪演变而来，随着时代的进步，在内容和形式上已经发生了很大的变化。概括地说，礼仪是指人们在社会交往中形成的，以建立和谐关系为目标的，符合"礼"的精神的行为规范、准则和仪式的总和。现代礼仪的开展立足于人际交往，目的是人与人之间和谐相处，并且通过礼仪来约束和规范人们的行为。

1. 礼仪的原则

礼仪作为人际交往的行为规范，只有遵循相应的原则来实行和贯彻，才能发挥其应有的功能。

（1）和谐的原则

自古以来，礼仪就是建立和谐社会的基本规范之一。我国古代就很重视和谐，普遍提倡以和为贵，把和谐思想贯彻到各行各业。商业经营中的和气生财，儒家思想中的中庸之道，其实质就是适中的意思，也含有中和的意思。建立一个和谐有序的社会，是人类的共同追求。人类社会是一个群体的社会，群体中的人们要和谐相处，必须确立共同的规则，并遵循这些规则。人们根据和谐的原则，将人的行为约束在一定的礼仪范畴中，使人们各就其位、各尽其职，不因为争斗而带来灾祸，以保持人类社会的健康有序发展。

（2）尊重的原则

礼仪从本质上来说就是人际关系的润滑剂。在人际交往活动中，人们都希望得到他人的尊重，而且对尊重自己的人有一种天然的亲和感、认同感。只有遵循尊重的原则，人们才会做到自律、敬人、宽容、平等、从俗、真诚与适度，才会自觉地对交往对象一视同仁，给予礼遇。要达到和谐交往的目的，就要尊重自己、尊重别人，将一定的礼仪原则和规范付诸行动，使自己获得他人和社会的尊重。在礼仪活动中，虽然人们可能不理解甚至不赞同对方的文化、行为方式、观念、态度，在意识中可以抛开礼仪的干涉，但在行为上终究要受礼仪的支配，仍要以礼相待。这点在对外交往关系中尤为重要，正好表现了礼仪主体的力量和信心。

（3）善良的原则

善良是人类道德的坚固基石。如果将一个人的人品比作一幅精美的水彩画，同情、诚信、宽容、坦率、谦逊等就是画面上的色彩和线条，而善良则是那张承载这些色彩和线条的纸。在现实中，善良的原则要求人们努力做到：扬善抑恶、不做坏事、制止坏事。人们会对某种社会现象以及个人的行为品质做出道德评价，评价的标准就是善与恶。礼仪作为人类共同生活必须遵循的善，其制定与践行也必须遵循善良的原则。

（4）审美的原则

礼仪的制定与践行必须遵循审美的原则。美是合乎人的本性的存在，审美可以陶冶情操、美化人格、规范行为。在礼仪活动中，自始至终贯穿着审美体验，体现着对美的追求。遵循礼规、以礼待人不仅令人愉悦，也满足他人与社会的审美需求。行为的美、谈吐的美是有感染力的，对促使周围人际关系的和谐发展会产生正效应。因此，礼仪的制定与践行必须遵循审美的原则，使礼仪随着时代的发展和民族的、地域的审美要求改变，变成一种追求人生美、社会美的手段与工具。

2. 礼仪的功能

礼仪具有能动的社会功能，它渗透于社会生活的方方面面，因而对社会生活的作用是积极的、巨大的。在现代社会中礼仪的功能主要体现在交际功能、道德功能和管理功能上，它在社会生活中的能动作用既广泛，又深入。

（1）交际功能

美国著名成功学家卡耐基有句名言："一个人的事业成功只有 15％由他的专业技术所决定，另外 85％，则要靠人际关系。"现代社会的发展给人们拓展了交往的空间，人们充实自我、展现自我、发展自我的舞台变得广阔，在这个舞台上，礼仪是个人素养的体现，人际关系的基础，交往成功的保证。

① 培养文明素养。礼仪是人类文明的标尺，也是人社会化的重要内容。对礼仪的学习与践行，促进着人类文化的延续和文明水准的提高。一个具备良好文明素养的民族，必定是一个循规守礼的民族。文明素养的形成是遵照社会所提出的文明行为规范与行为模式不断实践、不断修正、逐渐提高的过程。当人们将礼貌的言行当作习惯，在待人接物上彬彬有礼，文明的素养就会在潜移默化中逐渐形成。

② 奠定人际基础。有句谚语："有枝有节的树容易攀登，知情达理的人容易接近。"人与人之间的交往，只凭表象去判断，一定是错误的，但我们又不能否定表象的作用。心理学中

著名的"首因效应",即是这个道理。有时候,一个细节就会成为交往的最大障碍,比如在商业社会中,服装和仪表往往成为判断一个人工作情况的标准,肩上的头屑、皱巴巴的西装、衬衣领子与袖口上的污渍,会让首次见面的成功人士不屑一顾。在交谈中,声调略低、平静而语速适中的说话方式让人备感亲和;而节奏太快、口不择言、咄咄逼人会让人产生戒心。在人际交往中,遵循表示尊敬友好的礼仪程序,通过礼貌的言行来获得人际好感,树立良好的社交形象,是打开人际关系之门的金钥匙。

③ 保证交往成功。人际交往,贵在有礼。在现代社会中礼仪被称为人际关系的"润滑剂""调节器"。良好的礼仪可以指导和纠正人们的行为方式,促使人们在社会交往中敬人、自律、适度、真诚,从而在尊重他人的同时获得他人的尊重。良好的礼仪可以弥合人际关系的裂痕,使人际矛盾为"礼让"所化解,缓和已经疏远的人际关系。如我们给久不往来的朋友发一条祝福短信,给有矛盾的同事送上一份生日礼物,甚至给争吵过的人一个真诚的微笑,都会提升彼此的亲密度。良好的礼仪还可以创造谋生求职的机会。礼仪让你懂得如何称呼、介绍和问候;懂得如何着装、待客、得体地对待赞美与批评;懂得如何同各种文化背景的人打交道,在不断变化的工作场所中游刃有余,充满自信地活跃于职业舞台。因此,良好的礼仪又被称为 "就职黄页"。

(2)道德功能

道德功能,就是指道德系统同人和社会的相互作用中的能力。礼是基本的道德规范,礼仪是"礼"德的表现形式,这就使礼仪具备了道德本质,也就决定了礼仪的道德功能。

一般来说,道德有两个基本的功能:调节功能和认识功能。与此相应,道德还有些次生的功能:驾驭功能、教育功能、导向功能、辩护功能、激励功能、沟通功能等。礼仪的道德功能一是作为一种道德的意识、规范和行为,即行为调控;二是通过认识功能完善人的人格,即人格完善。

① 行为调控。礼仪可以帮助人们调节行为的发生与发展,从而将人们的行为控制在符合礼仪道德要求的范围内。道德调控是社会控制的一种形式,礼仪就是道德调控的方式之一。礼仪对人们道德行为的调控,是通过它的导向功能和调节功能来实现的。礼仪的导向功能体现着一种价值导向,引导着人们选择正确的价值方向和目标,做符合礼仪规范的事情;礼仪的调节功能通过对人们行为的评价以及评价信息的反馈,指导、纠正人们的行为和活动,使之符合礼仪的规范。在调节社会关系的过程中,礼仪以特有的方式评价人们的行为,告诉人们哪些行为是有礼的、哪些行为是无礼的、哪些行为是善的、哪些行为是恶的、哪些行为是美的、哪些行为是丑的,并以特有的感召力引导人们扬善抑恶、趋美避丑,把人们的思想和行为纳入社会秩序的轨道。礼仪规范的操作性特别强,可以用语言、文字、动作进行准确的描述和规定,可以在社会交往中进行标准化操作。如果我们选择了符合道德原则的礼仪,就可以把道德要求按照礼仪的方式组织起来,落实到人们的行为举止、仪态容貌、语言文字上,使人们按照礼仪道德的精神做符合礼仪道德的事情。

② 人格完善。人格是一个人以特定的行为模式表达出的关于自身的精神价值,即人特有的品格。人格是内在美的核心,也是外在美的基础。一个人有什么样的人格,就会有什么样的行为。礼仪道德可以帮助人们认识礼仪的意义、内容和作用,从而将礼仪的要求内化、沉淀,转变为人格素质。为了使社会成员的素质符合社会秩序,任何社会都会推崇相应的理想人格,礼仪道德的精神就是理想人格的重要内涵,礼仪形象就是理想人格的外部表现。礼仪

对于理想人格的塑造和完善，是通过它的教育功能和激励功能来实现的。礼仪的教育功能，就是指它能够通过认知的方式，帮助人们理解礼仪的价值及其在塑造理想人格中的作用，从而自觉地培养礼仪道德精神和礼仪素质；礼仪的激励功能，就是指它能够通过评价的方式，激发人们的道德情感和道德意志，引导他们坚持不懈地追求良好的礼仪形象，塑造一种将内在的思想素质与外在的仪表素质有机结合的完善的人格形象。礼仪有一个重要的特点，就是可以把内在的道德精神与外在的道德形象很好地结合起来，既以德带礼，又以礼显德。人的道德精神属于内心世界，它本身不能直接地被感知，而要通过礼仪等行为表现出来。正因为礼仪可以显现人们的道德素质，所以它才能够帮助人们塑造良好的外部形象，并相应地培养良好的道德精神，进而形成完善的道德人格。

（3）管理功能

自从 20 世纪美国管理学家泰勒为管理学奠基之后，对组织的科学管理就成为管理者们孜孜以求的目标。礼仪的功能作用其实不仅仅体现在人类社会交往中，同时也体现于社会组织自身发展的需要上。它不仅可以提高人才素质，凝聚组织人心，也对塑造组织的良好形象起到极其重要的作用。

1.2　汽车行业从业人员职业道德规范

1.2.1　职业道德规范

随着人类社会的进步与发展，社会分工越来越细。各种职业分工日益繁多，人与人的职业关系也越来越密切。社会分工的不断细化，促使社会上分化出众多不同的社会职业。各行各业的职业活动都有自己的客观规律。为维护行业生存与发展的利益，各行业就必须有体现行业内在要求的职业道德规范。随着现代社会分工的发展和专业化程度的增强，市场竞争日趋激烈，整个社会对从业人员职业观念、职业态度、职业技能、职业纪律和职业作风的要求也越来越高。

职业道德是所有从业人员在职业活动中应当遵循的行为准则，涵盖了从业人员与服务对象、职业与从业人员、职业与职业之间的关系。当今，要大力倡导以爱岗敬业、诚实守信、办事公道、服务群众、奉献社会为主要内容的职业道德。

职业道德具有以下几方面的特点。

1. 职业道德对人的道德素质起决定性作用

人的一生中，绝大部分时间在从事职业活动，而职业道德主要是在走向社会、从事职业之后，在职业活动的实践中成熟和发展的。因此，职业道德教育几乎是一种"终身教育"。在这个过程中，不仅要继承世代相传的优良职业传统，而且要随着时代发展不断地充实更新内容，最终形成稳定的职业心理、职业习惯。

2. 职业道德对社会主义精神文明建设有极大的促进作用

生活在社会中的人，都会与社会和他人接触。其中最基本的就是每一个人都会与社会上的各种职业活动打交道。人与职业活动的接触甚多，衣食住行无一例外均与职业相关。走出家门，就会看到保洁人员打扫过的街面；坐车时会接受司售人员的服务；购物时也会遇到商品质量、购物环境、劳务服务等问题。这些都涉及各行各业从业人员的职业道德问题。

职业道德具有传递感染性。某一行业的职业道德可以通过各种途径传递到其他行业，引起多种多样的连锁反应，给整个社会带来影响。

加强职业道德建设，反对和纠正带有行业特点的不正之风，树立人人都是服务对象、人人都为他人服务的思想，努力提高服务质量，改善服务态度，这对促进社会主义精神文明建设具有积极作用。

3. 职业道德建设可以促进市场经济的稳定发展

市场经济迫使人们必须注意产品质量，讲究信誉。市场竞争机制要求有高质量的产品和服务，只有那些具有高质量服务的企业，才能脱颖而出，成为有效益的企业。高质量的服务源于良好的技术业务素质和良好的职业道德。

4. 良好的职业道德可以创造良好的经济效益

道德的基础是利益。职业道德在调节人与利益关系的过程中，并不排斥个人合法利益的获取，中国传统道德中也不排斥个人的合法利益的获取，"君子爱财，取之有道"这句话说的就是这个道理。过去和现在都一样，个人利益的获取建立在为他人和社会服务的基础之上，目前流行的"顾客是企业衣食父母"的说法就是这个含义。如果一个企业在经营指导思想上不是首先想着为顾客服务，而是缺乏良好的职业道德，投机取巧，坑害顾客，可以肯定，这样的企业不仅在公众的心中不会有良好的形象，顾客也会避之不及，企业甚至不能长久地创造效益。从这个意义上讲，良好的职业道德是产生良好经济效益的重要因素。

1.2.2 职业道德的特征

1. 职业性

职业道德的内容与职业实践活动紧密相连，反映着特定职业活动对从业人员行为的道德要求。每一种职业道德均规范着本行业从业人员的职业行为，在特定的职业范围内发挥作用。

2. 实践性

职业行为过程，就是职业实践过程，只有在实践过程中，才能体现出职业道德的水准。职业道德的作用是调整职业关系，对从业人员职业活动的具体行为进行规范，解决现实生活中的具体道德冲突。

3. 继承性

在长期实践过程中形成的职业行为中的道德要求，会被作为经验和传统继承下来。即使在不同的社会经济发展阶段，同样一种职业因服务对象、服务手段、职业利益、职业责任和义务相对稳定，职业行为的道德要求的核心内容被继承和发扬，从而形成了被不同社会发展阶段普遍认同的职业道德规范。

4. 多样性

不同的行业和不同的职业，有不同的职业道德标准。

1.2.3　汽车行业从业人员的职业道德规范

汽车行业，一般是指汽车产品或具有相同工艺过程或提供同类劳动服务划分的经济活动类别，包括汽车生产、销售、售后、美容等增值服务的总体。汽车行业是一个发展前景比较广阔的行业，也是变化比较大的行业。现在我国的汽车行业迅猛发展，私家车越来越多，汽车售后市场所需要的人才也不断增加，这就对本行业从业人员提出了极大的挑战。汽车行业从业人员应当具备良好的形象和素质，在从事经营活动时，必须遵循一定的准则与规范，也就是以"公平买卖、热诚服务"为核心的职业道德规范。

1. 职业道德规范基本要求

汽车行业从业人员的职业道德规范的基本要求主要包括以下 7 个方面。

（1）守法

遵守国家法律法规，是每个公民应尽的义务，也是每一名从业人员必须遵守的职业道德规范。不能违法经营，任何违法活动都必将受到法律的制裁。

（2）爱岗敬业

爱岗敬业是企业内每个员工都必须遵循的基本道德规范。从业人员要热爱自己的工作岗位和职业，乐业、勤业、精业，以恭敬、负责的态度对待工作。

（3）诚实守信

诚实守信是商业职业道德建设的核心内容。从业人员要真心诚意、实事求是，企业在经营上则要信守合同、诚信无欺、质量为重。

汽车售后市场的竞争除技术、价格之外，将围绕销售服务质量展开。今后的市场竞争将凸显"诚信"的含金量。只有诚信，才能赢得市场、赢得消费者。美国、日本等发达国家的市场经济表明，竞争越激烈，企业越重视对自己的"品牌"和"诚信度"的塑造，越规范化运作市场。随着市场竞争的白热化，不讲诚信的企业将被市场无情地淘汰。

商业信誉是一个企业的生命，也是经营者的立身之本。企业如果不履行合同，不注重经销产品的质量，甚至经销假冒伪劣产品，一味追求利润，必将信誉扫地，在市场中无法立足。作为企业，首先应注重商业信誉，抵制假冒伪劣产品。

（4）办事公道

从业人员要公平、正义，"给人以应得"或恰如其分地对待人和事。尽可能做到不偏不倚、不徇私情，对所有工作对象、一视同仁，不偏袒、不歧视。

公平是企业经营的最基本要求，特别是商品的价格必须公平、合理，同行之间应遵守公平竞争、公平买卖的市场规则。竞争是发展市场经济所必需的，市场经济的一个显著特点就是要求人们有竞争意识，通过竞争促使优胜劣汰，使人们产生紧迫感和压力感，从而改进技术和条件，提高服务质量，降低生产成本与消耗，提高工作质量和劳动效率。但竞争应该是公平的，人们都应遵守市场"游戏规则"，这样才能保证社会经济秩序的稳定。侵犯竞争对手商业秘密、低价倾销、诋毁竞争对手信誉等不正当竞争手段虽然可能暂时盈利，但不讲究职业道德的行为最终会自食恶果。

（5）服务客户

从业人员要全心全意为客户服务，主动、耐心、热心、细致、周到，努力提高服务质量、提高业务技术水平。

汽车行业从业人员应强化服务意识，提升服务质量，要大力倡导热情服务、微笑服务、真诚服务，一切以消费者利益为出发点，想顾客所想、急顾客所急，最大限度地满足消费者的需求。对不同消费层次和消费水平的顾客要一视同仁，要结合市场变化的新特点，不断扩大售后服务内容，并完善售后服务体系。汽车行业从业人员应对自己所从事的业务有较全面的了解，能灵活运用所掌握的知识、经验为客户解答疑难、提供咨询。只有这样，才能真正做到热情服务、耐心周到。

（6）奉献社会

从业人员要把自己的知识、才能、智慧，毫无保留地、不计报酬地贡献给社会。培养社会责任感和无私精神，将公众利益、社会效益摆在第一位，处理好"义"和"利"的关系，处理好社会效益和经济效益的关系，处理好个人利益与社会效益的关系，把奉献社会的职业道德落到实处，充分实现自我价值。

（7）保守秘密

保守秘密是每一个企业或组织从业人员都必须遵守的道德规范。对公司认定为"绝密""机密""秘密"的文件或事项要严格按公司要求给予保密。

2. 职业道德意志修养

汽车行业从业人员的职业道德意志修养主要包括以下 4 个方面。

（1）认同

认同即要求有清晰的角色意识。汽车行业从业人员一定要认清：应该做什么，不该做什么；应该说什么，不该说什么。角色认同可以用"假如我是……"的思路将心比心，推己及人，设身处地，站在对方的角度来思考和处理问题。

📄 知识链接

刘刚是一家汽车 4S 店的汽车销售顾问。一天，店里来了一对夫妻来看车，刘刚上前进行了热情的接待。在接待的过程中，刘刚详细地询问了这对夫妻的购车需求，针对他们的需求，刘刚为这对夫妻进行了相应车型的介绍，期间，刘刚不断地与这家的男主人进行沟通，而与女主人的沟通却很少。虽然男主人对车型很满意，但是这家的女主人对刘刚所推荐的车型并不是十分满意，最后由于女主人的不满意，这家男主人也只好放弃，交易失败。

请思考：

1. 刘刚在这次交易中失败的原因？

2. 在角色定位上，刘刚是否进行了正确的定位？

（2）自制

汽车行业从业人员要冷静、沉着，不受对方的情绪所影响，做到：你发火，我耐心；你粗暴，我礼貌；你埋怨，我周到；你有气，我热情。

在日常工作与生活中，每个人都面临着一定的压力。在辛劳而工作内容烦琐的汽车服务岗位上，从业人员自然也承受着巨大的压力。在压力之下，人人皆有其自身的心态调整问题。汽车行业从业人员若拥有阳光心态，则于人、于己、于单位、于社会、于国家皆有百益而无一害。心态，此处指的是人的心理状态。日常生活中它往往具体表现为一个人对自己、对别人、对社会、对现实等的态度。阳光心态，在此则指的是一种良好的、健康的个人心理状态。它的基本标志是：高高兴兴地生活，快快乐乐地工作，开开心心地处理人际关系；自我认知正确，适应环境能力较强，善于与他人进行合作。

（3）宽容

要宽以待人，有宽容心才能有效地自制。

日常生活与工作的实践证明：一个人所处的时间、空间、地位不同，其行为往往大相径庭。而具有不同性别、年龄、职业、教育、民族的人们处在同一时间、同一空间、同一位置时，其个人感受通常也难以相同。每一名汽车行业从业人员在其具体工作中，都必须积极而主动地进行换位思考。换位思考的主要要求是：与他人打交道时，尤其是当服务于对方时，必须主动热情地接触对方，必须善于观察对方、了解对方、体谅对方，必须令自己认真站在对方的位置上来观察思考问题，从而真正全面而深入地了解对方的所思所想，以求更好地与之进行沟通互动。

（4）平衡

理智、观念与情感、情绪要保持平衡。例如，理智上强调"客户第一"，但很多汽车行业从业人员由于良好服务并未得到应有的回应和支持，造成了观念和情感的冲突；做得不好时会得到来自各方面的责骂，但做得好时却没得到认可，由此产生委屈心态。

在人际交往中，有什么样的心态，往往就会有什么样的生活与工作。汽车行业从业人员的个人心态如果调整得不好，在其日常生活与工作中如果不能真正地端正自己的态度，"以顾客为中心"就无从谈起。因此，需要汽车行业从业人员端正态度，接受他人和善待自我。

① 接受他人。汽车行业从业人员在工作之中，尤其是当与服务对象接触时，首先必须真心实意地接纳对方。就心态而言，主要是要求从业人员在接触服务对象时，尤其是在服务于对方时，不要主动站在对方的对立面，不要有意无意地挑剔对方、捉弄对方、难为对方、排斥对方，不要不容忍对方，不要存心与对方过不去。简而言之，就是要容纳对方、善待对方，而不是排斥对方。

② 善待自我。善待自我的基本要求，是要在生活与工作中都尊重并爱护自己。在日常的服务工作中，每一名汽车行业从业人员均应具有的健康心态是：善待自己、善待别人。二者实际上互为因果，往往缺一不可。一方面，汽车行业从业人员只有善待自己，才能够更好地善待别人；另一方面，汽车行业从业人员善待别人，其实就是善待自己。

3．职业道德品质修养

汽车行业从业人员的职业道德品质修养主要包括以下 3 个方面。

（1）见物不贪

在汽车美容时客户汽车中可能会有一些物品没有清理完全或者没有清理，此时，如果看到有贵重物品，要帮客户收好并及时还给客户。千万不能存有侥幸心理，收为己用。这样不但会给自身带来麻烦，同时还会影响公司的信誉。

（2）与人为善

人人都需要他人的关爱、帮助、支持、鼓励、赞扬、尊重和信任。汽车行业从业人员在与客户或同事相处时，持有与人为善的心态，可以更多地体会到工作中的快乐。

（3）做事求上

"做一天和尚撞一天钟"的工作态度和工作作风已不适合现代社会。科技进步、时代发展，需要人们比以往付出更多的辛劳去掌握日新月异的知识和技术。

1.3　学习礼仪的途径

礼仪，是律己、敬人的表现形式，是一种行为技巧和交往艺术，是个人内在素质的外在表现，也是企业形象的具体表现。

企业在汽车行业从业人员中普及本行业的职业礼仪和岗位礼仪，有效塑造员工规范、严谨、专业、有礼、有节的个人形象和提升员工整体素质的同时，必然也形成了企业的良好形象和美誉度，提高了企业的核心竞争力，在激烈的市场竞争中具备了有力的竞争优势。

学习礼仪的途径是多种多样的，学校教育和社会实践是两条主要途径。学校是学生受教育的场所，应该成为礼仪道德教育的重要阵地。学校教育可以使学生在思想上和行为上受到熏陶和训练，将礼仪知识内化为自身的素质，从而真正获得实效。社会实践可以使学生提高分辨礼与非礼的能力，掌握礼仪技能。

1.3.1　整合学习内容

在学习内容上，要做到礼仪知识与道德要求相结合、传统礼仪与现代礼仪相结合、系统常识与专业特点相结合的"三结合"。

1. 礼仪知识与道德要求相结合

要坚持寓礼仪学习于道德修养之中。一些礼仪规范虽然烦琐，却能避免品行上的疏忽。在礼仪学习中应该把道德要求按照礼仪的方式进行组织，将礼仪与一定的制度规范相结合，充分运用礼仪的道德功能，从行为举止、仪态容貌、服饰语言上规范自己的行为，并且将这些规范延伸至生活之中，按照"礼"的精神做符合道德的事情，在社会生活中渗透基本礼仪常识，使礼仪成为自己乐意接受的约束、自觉遵循的规范、努力追求的修养。

2. 传统礼仪与现代礼仪相结合

要坚持以传统礼仪为基础，以现代礼仪为主导。在传统礼仪中，有许多好的观点、观念、礼节、习惯等。比如，关于"礼"要以"诚"为基础，做人要真诚、待人要诚恳的观点；关于协调和处理人际关系要讲究"适度"的观点；关于对人要宽厚、宽容的观点；尊老爱幼、孝敬父母的规矩；礼尚往来、入乡随俗的规矩；讲究举手投足、视听坐卧、衣着打扮等仪态容貌的要求。这些观点、规矩和要求，对于处理现代社会人际关系仍然具有普遍的意义。但现在人们的交往空前活跃与频繁，在相互往来的过程中，逐渐形成了现代的、国际性的礼仪，这些礼仪能认同所接触到的越来越多的不同文化和习俗。人们在学习中要注重将传统礼仪与现代礼仪创造性地结合起来，把各种礼仪规范和学说进行科学的整合，在搞清楚传统礼仪的思想内涵及其精髓的基础上，精选出一些最普遍、最适用的现代礼仪规范来重点掌握，使自己既明白传统礼仪又明白现代礼仪，妥善处理传统礼仪与现代礼仪的关系。

3. 系统常识与专业特点相结合

要把握专业的特点，选择好学习内容。礼仪学是一门博大精深的学问，它可以从伦理学、社会学、民俗学、美学等各个角度进行诠释。一般而言，学生需要掌握的礼仪的基本知识包括以下几个方面：礼仪的概念，主要了解礼仪是一门什么样的学问；个人礼仪，主要包括言谈、举止、服饰等方面的礼仪要求；社交礼仪，通常包括交际礼仪、聚会礼仪、宴请礼仪、馈赠礼仪等；公务礼仪，通常包括办公室礼仪、会议礼仪、公文礼仪、公务迎送礼仪等；商务礼仪，主要包括商务交往礼仪、商务仪式礼仪、公司内部礼仪等；服务礼仪，通常包括服务礼仪准则、服务礼仪形象、服务礼仪技巧等；涉外礼仪，通常包括涉外礼仪通则、外交迎送礼仪、外事活动礼仪等；习俗礼仪，主要包括日常生活礼俗、岁时节令礼俗、人生礼俗（如婚嫁礼俗和丧葬礼俗）等。不同的专业，学习的侧重点不同。如公共管理专业应加大社交礼仪和公务礼仪的学习比重，汽车技术服务与营销专业应加大服务礼仪和商务礼仪的学习比重等。应根据专业的具体情况，将系统常识与专业特点相结合，选择好学习内容。

1.3.2 创新学习方法

在学习方法上，要做到理论学习与技能训练相结合、知识接纳与习惯养成相结合、学校教育与社会实践相结合的"三结合"。

1. 理论学习与技能训练相结合

由于中国礼仪与外国礼仪，传统礼仪与现代礼仪的发展轨迹、内涵、外延都不尽相同，当今时代，许多旧有的礼仪规范仍在起作用，不容违反，新的礼仪规范却层出不穷，不断变化。因此，必须通过课程学习了解中外礼仪的发展进程，了解现代礼仪的丰富内涵，了解它们的功能和作用，形成对礼仪的全方位认识，真正做到学以致用。由于礼仪具有很强的实用性与可操作性，从某种意义上说，它实际上是门实用性的科学，因此在掌握了礼仪常识之后，还必须掌握一些操作的技能，也就是说进行一些操作训练，如进行个人礼仪的技能训练，包括良好的身体姿态的训练，形成良好的站姿、坐姿、走姿、表情与手势；进行服饰搭配方面的训练，形成良好的着装风格；进行语言谈吐方面的训练，形成良好的语速、语调，掌握敬语的使用；进行仪容修饰方面的训练，掌握一般的美容、美发常识等；进行交往礼仪的技能训练，包括介绍的方式、拜访与接待的方式、宴请的方式、礼品的选择、座次的安排、舞姿舞步、环境的布置等；进行礼仪文书的技能训练，掌握用书信和其他文字方式表达情感的礼仪形式等。这种参与性的学习方式，能够取得很好的学习效果。

2. 知识接纳与习惯养成相结合

礼仪素质的养成，必须从点滴小事做起，从大处着眼，小处着手，寓礼仪知识于日常行为之中，然后逐步渗透于生活的方方面面，最后使自己成为一个时时处处都恪守礼仪规范的人。根据礼仪教育自身的规律性，学习过程中应该力求将知识接纳与习惯养成相结合，使自己在理论学习和技能操作中掌握敬人、自律、适度、真诚等礼仪原则和相关的知识，并积极地身体力行，把礼仪原则、规范运用到自己的交往实践中去，运用到自己的生活和学习中去。

时刻对照、检查，再把新的认识贯彻到行动中去修正，如此不断循环，从而达到知识接纳与习惯养成相结合的目的。

3. 学校教育与社会实践相结合

礼仪的实践性是由礼仪学习的特征决定的。

① 礼仪学习具有侧重性。由于人与人之间的交往关系是错综复杂的，因而在交往过程中碰到的礼仪问题也会呈现出复杂的状况；又由于个人所处的环境、所受的影响以及所具有的生活经验、知识水平不同，在礼仪的掌握上也会有所不同，学习礼仪的侧重点也就不一样。初学礼仪的人可以把日常礼仪规范作为自我修养的重点，参加公务工作的人可以把公务礼仪作为自我修养的重点，参加商务工作的人可以把商务礼仪作为自我修养的重点，这便是礼仪学习的侧重性。

② 礼仪学习具有重复性。礼仪学习不但要使人们形成对礼仪的认知，而且要求实现礼仪行为上的自觉。要做到这一点，必须经过长期反复的陶冶、磨炼、学习和实践。

③ 礼仪学习具有适应性。礼仪学习必须适应当时社会实际的客观状况和客观要求，在承认人与人之间平等协作关系的基础上，实现人与人之间的相互尊重、尊敬、关怀、真诚。礼仪学习还必须注重让自己践行礼仪规范，而不能只停留在主观的范围内。

④ 礼仪学习具有渐进性。每个人的礼仪水平都是通过不断努力，循序渐进，才会逐渐提高的。

正是由于礼仪学习具有实践性的特征，因此，在礼仪学习方面，应该特别强调实践的作用，鼓励受教育者积极参加交往实践活动，在与别人、与组织的各种关系中，认识自己的哪些行为是符合礼仪规范要求的，哪些行为是不符合礼仪规范要求的，改正自己的非"礼"行为，培养自己的礼仪品质。

本章小结

本章主要是对礼仪的内涵、汽车行业从业人员职业道德规范及学习礼仪的途径的概述。

礼仪的内涵具体包括礼仪的起源、礼仪的原则和功能等内容。

汽车行业从业人员职业道德规范介绍了职业道德规范、职业道德的特征以及汽车行业从业人员的职业道德规范。

学习礼仪的途径是多种多样的，学校教育和社会实践是两条主要途径。在学习中要根据专业特点，整合学习内容，创新学习方法。

实训与练习

一、填空题

1. 关于礼仪的起源，归纳起来，大致有_____、_____和_____三种说法。

2. 礼仪的原则主要有：_____、_____、_____和_____四个。

3. 在现代社会中礼仪的功能主要体现在_____、_____和_____上。

4. 礼仪是_____的体现，_____的基础，_____的保证。

5．职业道德的特征体现在_____、_____、_____和_____ 4个方面。

二、判断题

1．俗是礼的源头。（　　　）

2．爱岗敬业是企业内每个员工都必须遵循的基本道德规范。（　　　）

3．诚实守信是商业职业道德建设的核心内容。（　　　）

4．礼仪的道德功能一是作为一种道德的意识、规范和行为，即行为调控；二是通过认识功能完善人的人格，即人格完善。（　　　）

5．所谓道德功能，就是指道德系统同人和社会的相互作用中的能力。（　　　）

三、选择题

1．礼仪是（　　　）、祭祀、人情交往等活动的综合产物。

　　A．社会生活　　　　B．文化　　　　　　C．风俗　　　　　　D．日常行为

2．一般地说，道德有两个基本的功能：调节功能和（　　　）功能。

　　A．沟通　　　　　　B．认识　　　　　　C．辩护　　　　　　D．教育

3．在学习内容上，要做到礼仪知识与（　　　）相结合、传统礼仪与现代礼仪相结合、系统常识与（　　　）相结合的"三结合"。

　　A．道德要求、专业特点　　　　　　　　B．知识接纳、专业特点

　　C．道德要求、知识接纳　　　　　　　　D．道德要求、社会实践

4．根据礼仪教育自身的规律性，学习过程中应该力求将知识接纳与（　　　）相结合。

　　A．加强锻炼　　　　B．强化训练　　　　C．习惯养成　　　　D．专业技巧

5．汽车行业从业人员的职业道德意志修养主要包括（　　　）个方面。

　　A．认同　　　　　　B．自制　　　　　　C．宽容　　　　　　D．平衡

四、实训练习

针对下列情景，请学生以小组形式完成练习。要求：① 在演练过程中拍下视频资料，留存回放，并在学习结束后进行对比；② 每个情景演练，要自我评价、小组互评、老师点评，作为过程考核的成绩。

1．王刚是某汽车4S店新来的销售顾问，王刚非常热爱自己所从事的工作。通过公司的职业道德培训，王刚知道要树立良好的职业道德，就应该爱岗敬业、忠于职守。请问王刚在汽车销售顾问这个岗位上应该怎样做呢？请学生以情景的形式表现出来。

2．某汽车4S店的赵雷是公司的销售顾问，在工作中各项业务技能都不错，但是他的销量总是排在最后一名，究其原因，原来赵雷在岗前准备方面有很多做得不到位的地方。请学生以情景的形式来体现小赵在岗前准备的工作中错误的地方。

3．李想是刚毕业的大学生，应聘到一家汽车4S店担任服务顾问。在工作的过程中，他由于没有进行正确的角色定位，在工作中经常与顾客发生摩擦，遭到很多客户的投诉，为此服务总监王总要帮助李想进行正确的角色定位。请学生情景模拟服务总监王总如何帮助李想进行正确的角色定位，以及李想在以后的工作中态度和服务的转变。

第 2 章
服务形象礼仪

【学习目标】

- 掌握正确的仪容礼仪规范，合理地展现自身仪容礼仪。
- 掌握仪表礼仪的要素，了解服饰打扮的基本原则。
- 掌握体态语言的表现形式，学会使用正确的仪态礼仪规范。

【案例导入】

国内一家大型企业的总经理叶辰，经过多方努力和上级有关部门的介绍终于使德国一家著名的汽车企业董事长同意洽谈合作事宜。为了在谈判时给对方留下精明强干、时尚新潮的印象，叶辰上穿一件 T 恤衫，下穿一条牛仔裤，脚穿一双旅游鞋。当他精神抖擞、兴高采烈地带着秘书出现在对方面前时，对方瞪着不解的眼睛看着他上下打量了半天，非常不满意。最终，这次合作没能成功。

讨论：叶辰与德国汽车企业人员见面时，对方不满的原因是什么？

2.1 仪容礼仪

在汽车服务人员的整体形象设计中，仪容礼仪居于首要位置，最能传达直接的信息，最能反映汽车服务人员的心理状态和精神面貌。因此，汽车服务人员良好的仪容不仅是给顾客留下好印象的第一步，也代表着企业形象、产品形象以及服务形象。

2.1.1 仪容的基本原则

仪容主要是指一个人的五官容貌。仪容是每个人生来就有的，具有先天性。但是也可以通过后天修饰来实现追求美的目的，所谓"三分长相、七分打扮"就是这个意思。对于汽车服务人员来说，仪容礼仪方面应遵循以下两条基本原则。

1. 干净、整洁和卫生

汽车服务人员在平时必须勤清理、勤修饰，使自己的仪容显得清爽、干净、利索，坚决杜绝仪容上的脏、乱、差。

2. 修饰要避人

汽车服务人员修饰个人仪容时，应该注意回避他人，不应当众修饰自己。在他人面前"当窗理云鬓，对镜贴花黄"，既不端庄稳重，又有可能被人误解。例如，女性梳理自己的秀发，本属正常，但若是在工作岗位上这样做，可能会被视为孤芳自赏，缺乏敬岗爱业精神，若是在大庭广众之下当着陌生人的面修饰自己，还有可能会被误解为搔首弄姿、举止轻浮。所以，汽车服务人员修饰、整理仪容，一定要注意回避他人，可以选择在更衣室或者洗手间进行。

2.1.2　基本的仪容礼仪

仪容礼仪包括个人卫生礼仪、美容美发礼仪等，是人类为维系社会正常运行而要求人们共同遵守的最基本的道德规范，是人们在长期共同生活和相互交往中逐渐形成，并且以风俗、习惯和传统等方式固定下来的一种行为规范。一般而言，汽车服务人员的仪容礼仪主要体现在头发、面部、手部、颈部和脚部等几个方面。

1. 头发

头发是人体的制高点，很容易吸引他人的注意力。头发的礼仪，就是通常所说的美发，即有关头发的护理及修饰的规范。在头发方面，对汽车服务人员的基本要求是干净、整齐、长短适当，发型简单大方、朴素典雅，一般不可以完全不加修饰，但也不可太花哨。

在汽车服务活动中，女士的发型种类较多，长发、短发均可，还可以做卷发、发髻等，具体可依脸型、场合来决定。男士的发型变化则比较少，多以短发为主，以 6cm 左右为佳，最长也不应该后及领口，前过额头，左右遮住耳朵。女士头发的长度虽然相对要求"宽松"些，但最好不要长过肩部，或挡住眼睛。在庄重严肃的工作场合，则必须暂时将头发梳成发髻，盘在头上，并套上发套。需要强调的是，无论男女，汽车服务人员原则上都不宜留"大鬓角"，这也是为了使汽车服务人员看起来更精神、利落。

汽车服务人员的头发要时刻保持洁净、清爽的状态。首先必须定期清洗头发，一般来说，每周至少应当清洗 2~3 次，持之以恒，形成一个良好的习惯。其次是定期修剪头发，男士要确保每个月至少修剪一次，女士依发型而定。最后是梳理头发，汽车服务人员出门上班前、换装上岗前、摘下帽子时以及其他重要场合，都必须自觉地梳理头发，确保齐整。

2. 面部

面部是人际交往中他人所注意的重点。有一句谚语："当你同别人打交道时，他注意你的面部很正常。可他要是打量你身体的其他部位，那就有些不正常了。"

在汽车服务活动中，汽车服务人员要使自己从容而自信，就不能忽略面部的修饰，绝不允许面部不干净、不卫生。修饰自己的面部，具体到各个环节，都有不同的要求和规定。

（1）面部的基本护理

做好面部的护理工作是做好美容化妆的先行条件，在注重化妆对人的改变作用的同时，必须重视对面部皮肤的护理工作。了解自己的肤质，选择合适的肌肤保养品，采取正确的保养手段是非常重要的。

① 面部的清洁。洗脸的正确顺序是首先从多油垢的"T"区地带开始清洗,接着是洗鼻子和下巴,然后是洗面颊和眼部四周,最后是清洗耳部、颈部及发际、眉间等。洗脸时要注意以下几点:一是要让洗面乳充分起泡,泡沫越细越不会刺激肌肤;二是不要过于用力揉搓肌肤,以免给肌肤带来不必要的负担;三是每个部位都要清洗干净(包括发际和脖子);四是要用流水冲洗去除泡沫;五是冲洗完毕要用毛巾轻贴脸颊自然吸干水分。

② 面部的护理。洗脸去除污垢后,要及时补充水分、油脂、角质层内的保湿因子等,使肌肤回复到原来的状态。可以使用护肤水和乳液进行日常的面部护理,还应视实际情况采用面膜敷脸等特殊保养方法。

(2)颊部修饰

面部化妆一方面可以突出五官最美的部分,另一方面可以修饰不完美的部分。无论采用淡妆还是浓妆,都要恰当运用化妆技术和化妆品,才能达到美化形象的目的。

① 涂抹粉底。

② 刷腮红。注意选择腮红的位置和颜色,由上向下呈斜角刷腮红。有络腮胡的男士则要注意每天刮胡须,保持颊部干净清爽。

(3)眼部修饰

眼睛是心灵的窗户,它在很大程度上影响着别人对你的第一印象,因此眼部的修饰也是面部修饰的重要内容。眼部的修饰包括眉毛和眼睛的修饰。

① 修饰眉毛。眉毛是用来衬托眼睛和改善脸型的宽窄长短的。男士一般无须进行修饰,当然如果有必要也可进行修饰以求美观。女士则必须经常修剪眉毛并尽可能修出适合的眉形,但是切记不能出现过浓的描画痕迹,汽车服务人员尽量不要纹眉。

② 修饰眼睛。首先要保持眼部的干净,清除眼屎,同时保证眼睛不充血、无眼袋。女士可以使用眼影使眼睛看起来变大、加长,改善浮肿的眼皮,使单眼皮有双眼皮的效果。另外,汽车服务人员若是眼睛近视需要戴眼镜,尽量使用隐形眼镜,否则必须随时对眼镜进行清洗、擦拭以保证美观。一般情况下,汽车服务人员不得戴太阳眼镜或其他有色眼镜。

(4)唇部修饰

对大多数女性来说,最先接触的化妆品就是口红,为双唇点上颜色,总是增加许多光彩。汽车服务人员在进行唇部修饰时要注意以下几点。

① 清洁双唇。不要让口角长期积存异物或白沫,在干燥季节尤其要注意涂抹润唇膏令嘴唇滋润,以免唇皮皲裂影响美观。男士要注意剃须。

② 清洁牙齿。牙齿整齐洁白是仪容美的主要表现。对于汽车服务人员来说,应坚持每天早晚刷牙,并且尽量在吃完每顿饭后都刷一次牙。在参加正式场合前,一定要事前漱口刷牙或是咀嚼口香糖,以免食物残渣留在口腔里。在进餐后,也不要当着别人的面剔牙,这样做既不雅观,又很失礼。

③ 消除口腔异味。汽车服务人员平时工作期间应少吃或尽量不吃生葱、生蒜、洋葱及韭菜等带刺激性气味的食物,以免在交往中说话"带味",使接近自己的人感到不悦。汽车服务人员在用餐后一时难找机会刷牙时,可尝试用漱口水来进行口腔清洁,但尽量不要当众嚼口香糖。

（5）鼻部清洁

汽车服务人员必须时刻保持鼻腔的干净清洁，不流鼻涕。鼻毛过长要及时修剪，以免外露。不得在汽车服务场合清理鼻屎或是吸鼻涕。

（6）清洗耳朵

洗脸时千万不要忘记清洗耳朵，一定要确保耳内外干净，无耳屎。如果耳毛过长，也要及时进行修剪。

3. 手部、颈部和脚部

（1）手部

握手是汽车服务交往中最基本的见面礼仪。一双干净、光洁的手往往能给交往对象留下良好的印象。因此，手也是汽车服务人员修饰仪容的重要部位。汽车服务人员必须时刻保持手部干净清爽，不得留长指甲，指甲内部也要注意不留污垢，不得在公共场所修剪指甲或是用牙齿啃咬指甲。女士不能使用色彩夸张的甲油和甲饰，如果手上有厚重的体毛，还必须经常剃、褪，以保持美观。

（2）颈部

汽车服务人员在清洗面部的同时，不要忘记清洗脖颈、脖后等重要部位。如果只顾脸部而忽略了脖颈，致使二者反差过大，同样会给人留下坏印象。对于随着年龄增长而显现的颈纹，也可适当加以修饰隐藏。

（3）脚部

中国有句老话说："远看头，近看脚，不远不近看中腰。"由此可见，脚部的保养和修饰也是很重要的。汽车服务人员，尤其是男士必须养成良好的卫生习惯，每天勤洗脚，勤换鞋袜，以清除脚臭。男士还要注意不能在公共场合穿短裤或是挽起长裤的裤脚。女士如腿毛过重，须注意进行剃、褪毛或是以丝袜进行遮掩。

汽车服务人员的仪容注意事项及要求见表 2-1 及图 2-1。

表 2-1 汽车服务人员的仪容注意事项及要求

项目	男士	女士
着装	穿着标准工作装，熨烫平整、干净得体、无污点，裤线保持笔挺	
头发	梳理整齐、干净无异味、不留长发、无头皮屑	干净有型，发帘尽量不要遮住眼睛；留长发的女士将头发扎起
面部	注意避免有眼眵、口臭、耳垢；胡须剃干净	注意避免有眼眵、口臭、耳垢；工作场合避免佩戴大耳环
手、指甲	手保持清洁，指甲勤修理，不留长指甲；避免佩戴戒指及手镯	
鞋	保持干净，鞋后跟不应有磨损	保持干净，鞋跟高度在某种程度上以 5 cm 以下为宜
袜子	尽量穿深色袜子，避免穿脏、破袜子	尽量穿肤色丝袜，避免穿破袜子，建议多备一双袜子在包里

短发，保持头发的清洁、整齐

经常刮胡须

精神饱满、面带微笑

领带紧贴领口，系得美观大方

白色或单色浅色无污迹

正确佩戴司徽

领口袖口无污迹

西装平整、清洁

短指甲保持清洁

西装口袋不放物品

西裤平整，有裤线

黑色或深色袜子

皮鞋光亮、无灰尘

头发凌乱，未修边幅

同时扣

衬衫未熨

衬衫未扎放整齐

下扣

西裤未熨，皮鞋不洁

头发不洁

袖子不宜卷起

发型文雅、庄重，梳理齐整，长发可用发卡等束好

化淡妆、面带微笑

正规服装，要大方、得体

指甲不宜过长，并保持清洁，涂指甲油时须用自然色

裙子长度适宜

肤色丝袜，无洞

鞋子光亮、清洁

太露

开叉过高

袜子太短

散发

指甲太长

化妆太浓

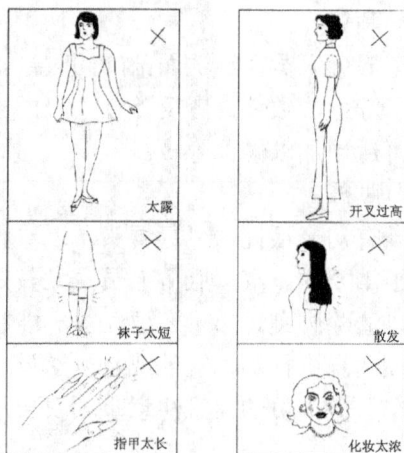

图 2-1　汽车服务人员的仪容注意事项及要求

　　汽车服务人员留给客户的第一印象就是自身仪容，仪容的好坏关系到销售和售后服务的成败。在服务过程中，汽车服务人员应给客户留下大方、得体的印象。这样不仅可以增强自信，赢得客户的好感和信任，更能将自己的形象演绎得神采飞扬。

2.2　仪表服饰礼仪

　　仪表服饰礼仪是人们在交往过程中为了表示相互尊重与友好，达到交往和谐而体现在仪表及服饰上的一种行为规范。在汽车技术服务与营销活动中，它能直接影响客户对服务人员、企业形象的评价与看法，较好地体现服务人员的文化修养及审美品位。良好的仪表服饰礼仪不仅能赢得他人的信赖，给人留下良好的印象，而且还能有助于与客户的交往。

2.2.1　仪表的含义

仪表是指一个人精神面貌的外观体现，俗话说就是"包装"。一个人的卫生习惯、服饰与端庄、大方的仪表有着密切的关系。

商品包装之所以重要，是因为当人们无法通过实际使用去判断商品的品质时，往往会通过商品的包装（外观）来判断商品的内在品质。当你面对汽车服务市场上的交往对象时，具有职业风范的仪表会清楚地表明你对自己的看法及你对对方的看法。塑造正确的职业化仪表，能够帮助汽车服务人员更快更好地服务于客户。

2.2.2　仪表礼仪的要素

1. 卫生整洁

清洁卫生是仪表美的关键，是礼仪的基本要求。不管长相多好，服饰多华贵，若满脸污垢、浑身异味，那必然破坏一个人的美感。因此，每个人都应该养成良好的卫生习惯，做到勤洗脸、勤洗脚、勤刷牙、勤洗头、勤洗澡、勤梳理、勤更衣。不要在人前"打扫个人卫生"，比如剔牙齿、掏鼻孔、挖耳屎、修指甲、搓泥垢等。否则，不仅不雅观，也不尊重他人。与人谈话时应保持一定距离，声音不要太大，不要口沫四溅。

2. 服饰得体

服饰反映了一个人文化素质之高低，审美情趣之雅俗。一个人的仪表要与他的年龄、体形、职业相吻合，表现出一种和谐，给人以美感。

具体来说，既要自然得体，协调大方，又要遵守某种约定俗成的规范或原则。服装要与自己的具体条件相适应，还必须时刻注意客观环境、场合对人的着装要求，即着装打扮要优先考虑时间、地点和目的三大要素，并努力在穿着打扮的各方面与时间、地点、目的保持协调一致。

> **知识链接**
>
> 有一次元世祖忽必烈召见文人胡石塘。此人生性粗犷，不拘小节，歪戴着帽子面见元世祖。元世祖看见他，问道："你有什么本事啊？说来我听听。"胡石塘回答说："我有治国平天下的学识。"元世祖听了哈哈大笑："你连自己头上的帽子都戴不平，还能平天下吗？"
>
> 胡石塘因为歪戴帽子、不拘小节而葬送了前程，难道不足以说明仪表礼仪的重要吗？
>
> 请思考：你是怎样理解"小处不可随便"这句话的？

2.2.3　服饰的含义

服饰是一种文化，它反映着一个民族的文化水平和物质文明发展的程度。服饰具有极强的表现功能，在社交活动中，人们可以通过服饰来判断一个人的身份地位、涵养；展示个体内心对美的追求、体现自我的审美感受；增进仪表、气质。所以，服饰是人类的一种内在美和外在美的统一。要想塑造一个真正美的自我，首先就要掌握服饰打扮的礼仪规范，让和谐、得体的穿着来展示自己的才华和美学修养，从而获得更高的社交地位。

2.2.4 服饰打扮的原则

俗话说："佛要金妆，人靠衣妆""人靠衣裳马靠鞍"。我们与人交往，首先注重的是他的服饰。成功的着装和仪表有着紧密联系，穿着不当往往会降低一个人的身份，很难使周围的人对他有一个好的印象。更重要的是，服饰往往还是一个企业的信息窗口，人们可以通过企业员工的服饰水平去窥视企业的面貌和实力。由于每个人的喜好不同，打扮方式不同，搭配效果也会有所不同，因此也成就了五彩斑斓的服饰世界。然而，服饰打扮必须讲求选择的艺术，汽车服务人员在选择服饰时要遵循一定的基本原则，满足人们的审美观及审美心理。

1. 整洁原则

整洁原则是指整齐干净的原则，这是服饰打扮的一个最基本的原则。一个穿着整洁的人总能给人以积极向上的感觉，并且也表示出对他人的尊重和对社交活动的重视。整洁原则并不意味着时髦和高档，只要保持服饰的干净合体、整齐有致即可。

2. 个性原则

个性原则是指汽车服务人员的服饰打扮必须根据自己的年龄、身份、形体等特点穿出属于自己的个性，塑造属于自身的职业形象。

不同的人由于年龄、性格、职业、文化素养等方面的不同，会形成各自不同的气质。我们在选择服装进行服饰打扮时，不仅要符合个人的气质，还要凸显出自己气质美好的一面。为此，必须深入了解自我，正确认识自我，选择适合自己的服饰。这样，才能让服饰尽显自己的风采。要使打扮富有个性，还要注意不要盲目追赶时髦，因为最时髦的东西往往是最没有生命力的。另外还要穿出自己的个性，不要盲目模仿别人，而不考虑自己的综合情况。

在汽车服务企业，汽车服务人员的着装一般有统一的制服，若要彰显自己的个性，可以适当修饰，佩戴一些小饰物，如胸针、小丝巾。

3. 适合原则

汽车服务人员选择衣服不但要适合自己的个性特征，而且要满足服务环境的需要，使个性原则和适合原则达到一种平衡。比如，汽车服务人员的服饰必须体现出自己的个性、热情、细致和专业，又要能衬托出其非常适合汽车服务的背景环境。如果仅仅为了突出个性而忽视汽车服务交往目的，穿着特别时髦甚至暴露的衣服来表现你的坦诚热情，顾客是不可能接受的，并且直接影响汽车服务企业的整体形象。

4. TPO 原则

TPO 是 Time（时间）、Place（地点）、Object（目的）3 个英文单词的首字母。TPO 原则的基本含义是人们在服装穿着、饰品佩戴等方面，不但要与自己的个性、风格、生理条件相适合，而且必须要适应具体的时间、地点和目的的要求，是目前国际公认的服饰礼仪原则。一件被认为美的、漂亮的服饰不一定适合所有的时间、地点、目的。因此，我们在着装时应该考虑到这 3 方面的因素。

（1）着装的时间原则（T 原则），就是指服饰打扮要考虑每天的早、中、晚时间的变化；

春、夏、秋、冬四季的不同和时代的变化。着装的时代性是指服饰应顺应时代发展的主流和节奏，不可超前，亦不可过于滞后。服装依四季可分为春装、夏装、秋装和冬装，切不可"要风度不要温度"，只顾美丽"冻人"。在西方，服装还因时间不同分为晨装、日装和晚装，男士午前或整个白天不能穿小礼服，夜晚不能穿晨礼服。

（2）着装的地点原则（P 原则），也就是环境原则，即不同的环境需要与之相适应的服饰打扮。一般来说，汽车服务人员上班时的穿着要正式，适合穿制服、套装、套裙、连衣裙，饰品佩戴遵循"以少为佳"的原则，最多不要超过三件。社交时的穿着打扮宜讲求时尚，展现个性。休闲时的着装要求最低，只要舒适得体即可。通常，人们把上班、社交的场合称为正式场合，此时的穿着称为正装，而把休闲的场合称为非正式场合，此时的穿着称为便装。汽车服务人员一定要注意区分场合，选择合适的着装，否则很可能影响汽车服务活动的顺利进行。

（3）着装的目的原则（O 原则），是指场合气氛的目的原则，即着装应当与当时当地的气氛融洽协调，根据不同目的进行着装，通过服饰打扮给人留下好的印象，以便于汽车服务活动顺利开展。例如，穿着旗袍去赴宴，是为了展示东方女性的独有风姿；穿着西式套裙去上班，是为了显示自己的成熟稳重；而穿着运动套装与朋友一起去登山踏青，则是为了轻松方便。

服饰的 TPO 原则三要素是相互贯通、相辅相成的。人们在社交活动与工作中，总是会处于一个特定的时间、地点和目的之中。因此，人们在着装时应考虑穿什么、怎么穿。这将是踏入社会并取得成功的一个开端。

5. 配色原则

服饰的美是款式美、质料美和色彩美三者完美统一的体现，形、质、色三者相互衬托、相互依存，构成了服饰美统一的整体。而在生活中，色彩美是最先引人注目的，因为色彩对人的视觉冲击最敏感、最快速，会给他人留下很深的印象。

服饰色彩的搭配应遵循一般的美学常识。服装与服装、服装与饰物、饰物与饰物之间的色彩应色调和谐，层次分明。饰物只能起到"画龙点睛"的作用，而不应喧宾夺主。服饰色彩在统一的基础上应寻求变化，肤与服、服与饰、饰与饰之间在变化的基础上应寻求平衡。一般认为，衣服里料的颜色与表料的颜色，衣服的某一色与饰物的颜色均可进行呼应式搭配。

（1）服装色彩搭配

服装色彩搭配有 3 种方法可供参考。

① 同色搭配：即由色彩相近或相同，明度有层次变化的色彩相互搭配造成一种统一和谐的效果。如墨绿配浅绿、咖啡色配米色等。在同色搭配时，宜掌握上淡下深、上明下暗搭配原则。这样整体上就有一种稳重踏实之感。

② 相似色搭配：色彩学把色环上大约九十度以内的邻近色称之为相似色。如蓝与绿、红与橙。相似色搭配时，两个色的明度、纯度要错开，如深一点的蓝色和浅一点的绿色配在一起比较合适。

③ 主色搭配：指选一种起主导作用的基调和主色，与各种颜色相配，达到一种互相陪衬、相映成趣的效果。采用这种配色方法，应首先确定整体服饰的基调，其次选择与基调一致的主色，最后选出多种辅色。主色搭配如选色不当，容易产生混乱不堪的效果，有损整体形象，因此使用的时候要慎重。

（2）色彩选择应考虑的因素

在选择服饰色彩的时候，不仅要考虑色彩之间的搭配，还要考虑与着装者的年龄、体形、肤色、性格、职业等相配。

① 服色与年龄。不论年轻人还是老年人都有权利打扮自己。但是在打扮时要注意，不同年龄的人有不同的着装要求。年轻人的穿着可鲜艳、活泼和随意些，这样可以充分体现年轻人朝气蓬勃的青春美；而老年人的着装要注意庄重、雅致、含蓄，体现其成熟和端庄，充分表现出成熟之美。但无论何种年龄，只要着装与年龄相协调，都可以显示出独特的韵味。

② 服色与体形。高矮胖瘦各得其所，不同的体形着装原则有所区别。

对于高大的人而言，在服装选择与搭配上，要注意服色宜选择深色、单色，太亮、太淡、太花的色彩都有一种扩张感，使着装者显得更高更大。

对于较矮的人而言，服色宜稍淡、明快柔和些，上下色彩一致可以产生修长之感。

对于较胖的人而言，在服色的选择上，宜以冷色调为主，过于强烈的色调更显胖。

对于偏瘦的人而言，服色选择应以明亮柔和为好，太深太暗的色彩更显瘦弱。

③ 服色与肤色。肤色影响服饰配套的效果，也影响服装及饰物的色彩。但反过来说，服饰的色彩同样作用于人的肤色而使肤色发生变化。

肤色发黄或略黑、粗糙的人，在选择服色时应慎重。服色过深，会加深肤色偏黑的感觉，使肤色毫无生气；反之，也不宜用过浅的服色，会反衬出肤色的黝黑，同样会令人黯淡无光。这种肤色的人最适宜选用的是与肤色对比不强的粉色、蓝绿色。最忌明亮的黄色、橙色、蓝色、紫色或极暗的褐色、黑紫色、黑色等。

肤色略带灰黄，则服色不宜选用米黄色、土黄色、灰色，否则会显得精神不振和无精打采。

肤色发红，则应配用稍冷或浅色的服色，但不宜使用浅绿色和蓝绿色，因为强烈的色彩对比会使肤色显得发紫。

④ 服色与性格。不同的性格需要由不同的色彩来表现，只有选择与性格相符的服色才会给人带来舒适与愉快的感觉。性格内向的人，一般喜欢选择冷色，如青色、灰色、蓝色、黑色等；性格外向的人，一般喜欢选择暖色或色彩纯度高的服色，如红色、橙色、黄色、玫瑰红色等。

⑤ 服色与职业。不同的职业有不同的着装要求。如法官的服色一般为黑色，以显示出庄重、威严；汽车服务人员的服色一般选用深色，这会给客户以牢靠、可信任的感觉。

除此以外，在服饰选择时还要注意文化背景，我国与西方社会的文化背景不同，风俗习惯和审美观念也就不完全相同，不能简单模仿西方的穿着打扮。例如，在一些庄重、严肃的场合，上班、洽谈、参加大型会议等，女士的着装不能"薄、透、露"，在公众面前，内衣"走光"会给人以轻浮之感。

遵循以上 5 个原则，服饰能起到美化的作用。

汽车服务人员的优秀仪表有助于增加与顾客沟通时的交际魅力，给顾客留下良好的印象，对提高顾客的满意度起着至关重要的作用。服务人员在从事汽车营销及技术服务时，所穿的服装一定要以得体为准则，令客户感觉到你的干练和自信。在工作的时候，服务人员一定要改掉自己随心所欲的穿着习惯，要时刻牢记穿着的目的是给客户留下一个良好的印象，让他们觉得你是可以信任的。因此，衣服的选择一定要得体，应该与你所从事的职业相适应，与你的身份、年龄、气质、所处场合相协调。

2.3 仪态礼仪

仪态在汽车营销与技术服务过程中通常起着巨大的辅助作用,有时甚至起着独立的作用。因此,为了能够通过身体各部分的动作来清晰、准确、完整地向顾客传达服务人员的意思,避免和克服言语上可能产生的歧义,汽车服务人员必须在站、坐、走、蹲与谈话等的时候能够合理、简洁、有效地使用仪态礼仪,更好地展现自己良好的素质与教养,拉近与顾客之间的距离,有效地传递信任、友好、尊敬的信息,提高顾客满意度。

2.3.1 仪态的含义

仪态通常是指人们身体呈现出的各种姿势以及人们在各种行为中所表现出来的风度,包括人们在日常生活中的行为动作和表情,如站姿、坐姿、走姿等,是一个人性格、气质、情趣、德才、阅历、礼貌和修养等内在本质的外在体现。仪态用表情、动作或体态来交流感情、传递信息、协调关系,常作为一种伴随性语言来使用。

2.3.2 基本的仪态礼仪

在汽车服务礼仪中,汽车服务人员的仪态礼仪被视为"第二语言",是一种不说话的"语言",但却又是内涵极为丰富的"语言"。它所发挥的作用,在某种意义上,绝不亚于口头语言所发挥的作用。

"站如松,坐如钟,走如风,卧如弓"是中国传统礼仪的要求,在当今社会中已被赋予了更丰富的含义。正确的仪态礼仪要求做到自然舒展、充满生气、端庄稳重。正如培根所说:"状貌之美胜于颜色之美,而适宜并优雅的行为之美又胜于状貌之美。"

服务型行业的仪态礼仪有很多内容,在此我们着重介绍与汽车服务过程密切相关的站姿、坐姿、走姿、蹲姿与谈话姿势。

1. 站姿

站立是人最基本的姿势,是一种静态造型。正确规范的站姿给人以挺拔笔直、精力充沛、积极进取、充满自信的感觉。在一些正式场合不宜将手插在裤袋里或交叉在胸前,更不要下意识地做些小动作,那样不但显得拘谨,给人缺乏自信之感,而且有失仪态的庄重。正确与错误的站姿如图 2-2 所示,站姿礼仪规范要求见表 2-2。

正确的站姿

错误的站姿

图 2-2　正确与错误的站姿

表 2-2　站姿礼仪规范要求

男士	女士
身体挺拔直立，两脚开立，与肩同宽	脚跟并拢，呈 V 字形，或两脚稍微错开，一前一后，前脚的脚后跟稍稍向后脚背靠拢，后腿的膝盖向前腿靠拢
两肩放松，气下沉，自然呼吸。身体挺立，抬头挺胸，下颌微收，双目平视对方，双手交叉，放在身前，右手搭在左手上	
注意： 1. 千万不要僵直硬化，肌肉紧绷，可以适宜地变化姿态，追求动态美； 2. 避免出现垂头、垂下巴、含胸、腹部松弛、肚腩凸出、耸肩、驼背、屈腿、斜腰、依靠物体、双手抱在胸前等不良站姿	

知识链接：车展中的"空乘礼仪"

　　第十四届上海国际汽车工业展览会，吉利汽车展台的礼仪们以其姣好的容貌、温婉的笑容及优雅知性的仪态赢得媒体、公众一致盛赞。这是一支全部由吉利大学空乘班学生组成的"空乘礼仪"，她们中的大多数即将从这个展台飞向蓝天。

2. 坐姿

　　坐，也是一种静态造型。端庄优美的坐姿，会给人以优雅、稳重、自然大方的美感。在正式场合，入座时要轻柔和缓，起座要端庄稳重，不可猛起猛坐，弄得桌椅乱响，造成尴尬气氛。不论何种坐姿，上身都要保持端正，如古人所言的"坐如钟"。若坚持这一点，不管怎样变换身体的姿态，都会优美、自然。符合礼仪规范的坐姿能传达出自信练达、积极热情、尊重他人的信息。正确与错误的坐姿如图 2-3 所示，坐姿礼仪规范要求见表 2-3。

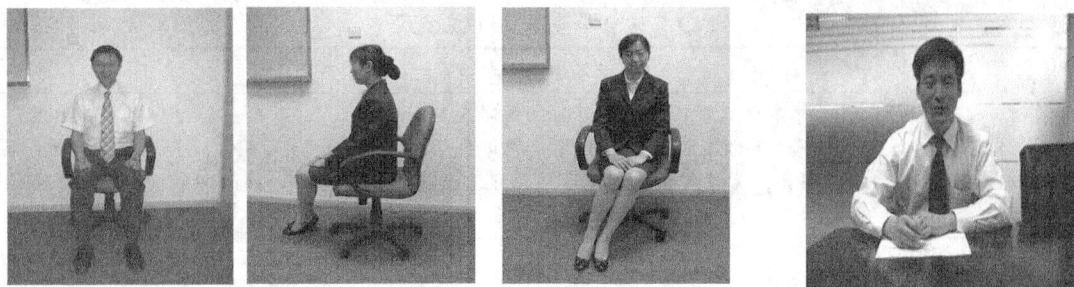

正确的坐姿

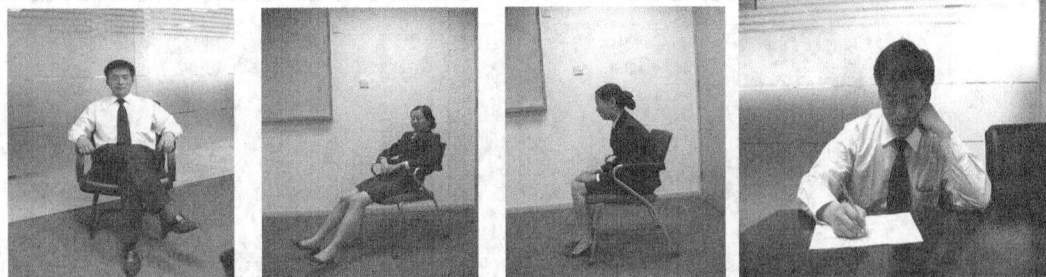

错误的坐姿

图 2-3 正确与错误的坐姿

表 2-3 坐姿礼仪规范要求

男士	女士
上身挺直，两腿分开，不超肩宽，两脚平行	双腿并拢，两脚同时向左或右放，两手相叠后放在左腿或右腿腿上，也可双腿并拢，两腿交叉置于一侧
身体重心垂直向下，腰部挺起，上身保持端正，头部保持平稳，两眼平视，下颌微收，双掌自然地放在膝头或座椅的扶手上	

注意：

1. 用手指示顾客就座的座位，为顾客扶住椅子（遵循女士优先，长者优先的原则）；
2. 坐下之前应轻轻拉椅子，用右腿抵住椅背，轻轻用右手拉出，切忌发出声响；
3. 坐下的动作不要太快或太慢、太重或太轻。太快显得有失教养，太慢则显得无时间观念；
4. 坐下后，上身应与桌子保持一个拳头左右的距离，应大方自然，不卑不亢；
5. 坐着与人交谈时，双眼应平视对方，但时间不宜过长或过短，可用手势但不可过多或过大；
6. 女士不可将双腿叉开；
7. 双手不要叉腰或交叉在胸前；
8. 不要摆弄手中的茶杯或将手中的东西不停地晃动；
9. 腿脚不要不停地晃动

3. 走姿

行走是人生活中的主要动作，是一种动态造型。"行如风"就是用风行水上来形容轻快自然的步态。协调稳健、轻松敏捷的走姿会给人以动态之美，表现出朝气蓬勃、积极向上的精神状态。走姿礼仪规范要求见表 2-4，正确的走姿如图 2-4 所示。

表 2-4 走姿礼仪规范要求

走姿礼仪规范
起步时，上身略向前倾，身体重心落在脚掌前部，两脚跟走在一条直线上，脚尖偏离中心线约 10cm。行走时，双肩平稳，目光平视，下颌微收，面带微笑。手臂伸直放松，手指自然弯曲，手臂自然摆动，摆动幅度以 30～35cm 为宜。同理，速度要适中，不要过快或过慢，过快给人以轻浮的印象，过慢则显得没有时间观念，没有活力
注意： 1. 上身倾斜和臂部摆动幅度不可过大，否则会显得体态不优美； 2. 避免出现含胸、歪脖、斜腰及挺腹等不良走姿

图 2-4 正确的走姿

4. 蹲姿

蹲姿是在需要降低体位以便捡起掉在地上的物品或进行其他操作时采取的姿势。在工作场合中为避免弯腰捡拾，特别是女士着裙装时，为避免不雅，一般都采用蹲姿。蹲姿礼仪规范要求见表 2-5，正确的蹲姿如图 2-5 所示。

表 2-5 蹲姿礼仪规范要求

蹲姿礼仪规范
下蹲时一般一脚在前、一脚在后，女士应大腿靠紧向下蹲，男士下蹲时两腿之间可有适当距离。前脚全脚掌着地，后脚的脚后跟提起，脚掌着地。臀部始终向下，基本上以后腿支撑身体。女士还可以采用交叉式蹲姿，基本上以后腿支撑身体
注意： 1. 女士下蹲时两腿一定要靠近，臀部始终向下； 2. 如旁边站有他人，尽量使身体的侧面对人，保持头、胸挺拔姿势，膝关节自然弯曲

图 2-5 正确的蹲姿

5. 谈话姿势

谈话的姿势往往反映出一个人的性格、修养和文明素质。因此，交谈时，双方要互相正视、互相倾听，不能东张西望、看书看报、面带倦容、哈欠连天。否则，会给人心不在焉、傲慢无理等不礼貌的印象。正确的谈话姿势如图 2-6 所示。

图 2-6　正确的谈话姿势

2.3.3　体态语言

人的身体语言有些是天生的，如哭、笑，有些是后天学习而来的。人与人之间非语言系统有些是相通的，如微笑、愤怒，有些则有差异，所以体态语言在不同文化、习俗中有不同程度的差异性。一般来说，在人际交往和商务服务活动中，有以下几种常见的体态语言表现形式。

1. 表情语言

表情语言是人内心思想的脸部外化，这种外化通过面部肌肉运动来实现，如喜、怒、哀、乐等。在汽车服务与营销活动中，表情一般以喜、乐为主。作为最基本的表情，微笑被认为是人类最美好的语言，可谓"犹如一缕春风轻抚人的心田，又似一束柔和的阳光给人以温暖，更似一滴雨露孕育心中的绿地"。

汽车服务人员应戒绝苦笑、狂笑、皮笑肉不笑、狞笑、冷笑等笑容，迷人的微笑才能使人际交往更加和谐。在某些服务性行业里早已提出并实施了"八颗牙齿的微笑""1 米的微笑"等微笑式服务标准。

笑是人们的眉、眼、鼻、口、齿以及面部肌肉所进行的协调行动。"发自内心的微笑，会自然调动人的五官：眼睛略眯起、有神，眉毛上扬并稍弯，鼻翼张开，脸肌收拢，嘴角上翘。做到眼到、眉到、鼻到、肌到、嘴到，才会亲切可人，打动人心。"

（1）微笑的类型

最常见的微笑的类型有小微笑、普通微笑和大微笑。

① 小微笑。往上提起两端嘴角。稍微露出 2 颗门牙。配合微笑。保持 10s 之后，恢复原来的状态并放松。

② 普通微笑。慢慢使肌肉紧张起来，往上提起两端嘴角。露出 6 颗左右的上门牙，眼睛略眯起。保持 10s 后，恢复原来的状态并放松。

③ 大微笑。一边拉紧肌肉，使之强烈地紧张起来，一边把嘴角两端一齐往上提，露出 10 颗左右的上门牙，也稍微露出下门牙。保持 10s 后，恢复原来的状态并放松。

（2）微笑训练方法

微笑训练方法之一就是将眼睛以下的部分挡住，练习微笑，要求从眼中要看出笑的表情。这就是所谓的"眼中含笑"。这种训练方法的目的是：微笑时要调动多部位器官协调动作，形成微笑的表情，如图 2-7 所示。

最常见的微笑训练方法有简易训练方法和细节训练方法。

① 简易训练方法。用门牙轻轻地咬住木筷子。把嘴角对准木筷子，两边都要翘起，并观察连接嘴唇两端的线是否与木筷子在同一水平线上。保持这个状态 10s。在第一状态下，轻轻地拔出木筷子，练习维持该状态。

② 细节训练方法。形成微笑是在放松的状态下训练的，练习的关键是使嘴角上升的程度一致。如果嘴角歪斜，表情就不会太好看。练习各种笑容的过程中，会发现最适合自己的微笑。

方式1：

①把手举到脸前　②双手按箭头方向做"拉"的动作，一边想象笑的形象，一边使嘴笑起来

方式2：

①把手指放在嘴角并向脸的上方轻轻上提　②一边上提，一边使嘴充满笑意

图 2-7　微笑训练方法

知识链接

世界上最伟大的汽车推销员乔•吉拉德曾经说："当你笑时，整个世界都在笑。一脸苦相没人理睬你。"

原一平在日本被称为"推销之神"，他连续 15 年保持全国人寿保险业绩第一，他身高只有 1.53m，而且其貌不扬。他最初当保险推销员的半年里，没有为公司拉到一份保单。没有钱租房，就睡在公园的长椅上；没有钱吃饭，就去吃饭店专供流浪者的剩饭；没有钱坐车，每天就步行去他要去的地方。可是，他从来不觉得自己是个失败者，至少从表面上看没有人觉得他是一个失败者。自清晨从长椅上醒来开始，他就向每一个他所碰到的人微笑，不管对方是否在意或者回报以微笑，他都不在乎，而且他的微笑永远是那样的由衷和真诚，看上去永远是那么精神抖擞，充满信心。

终于有一天，一个常去公园的大老板对这个小个子的微笑产生了兴趣，他不明白一个吃不上饭的人怎么总是如此快乐。于是，他提出请原一平吃顿饭。尽管原一平饿得要死，但还是委婉地拒绝了。他请求这位大老板买一份保险，于是，原一平有了自己的第一份业绩。这位大老板又把原一平介绍给他许许多多商场上的朋友。就这样，原一平凭借他的自信和微笑感染了越来越多的人，最终成为日本历史上签下保单金额最多的推销员。

帮助别人，往往就是帮助自己。原一平成功了，他的微笑被称为"全日本最自信的微笑""价值百万美元的微笑"，而这样的微笑并非天生，而是长期苦练出来的结果。原一平曾经假设各种场合与心理，自己面对镜子，练习各种笑容。因为笑必须从全身出发，才会产生强大的感染力，所以他找了一个能照出全身的特大号镜子，每天利用空闲时间，不分昼夜地练习。经过一段时间的勤学苦练，他发现嘴唇的闭与合，眉毛的上扬与下垂，皱纹的伸与缩，都会产生不同的含义"笑"，甚至双手的起落与两腿的进退，都会影响到"笑"的效果。

有一段时间，原一平因为在路上练习大笑，而被路人误认为神经有问题，也因为练习得太入迷，半夜常在梦中笑醒。历经长期苦练之后，他的笑达到了炉火纯青的地步。原一平把"笑"分为38种，针对不同的客户有不同的笑容，并且深深体会出，世界上最美的笑就是婴儿的笑容，那种天真无邪的笑，会散发出诱人的魅力，令人如沐春风，无法抗拒。

请思考：

1. 微笑有何作用？
2. 一张微笑的脸具备哪些特征？
3. 微笑时应注意些什么？

2. 目光语

目光语是人们通过视线接触所传递的信息，也称眼神。不同的眼神表达不同的含义。仰视有尊敬崇拜的意思；俯视一般表示爱护、宽容或者傲慢无礼；正视则体现平等公正或自信坦率。商务交谈过程中，目光以亲切、温和、大方为宜，应多用平视的目光语，双目注视对方的眼鼻之间，表示重视对方或对其发言颇感兴趣，同时也体现出自己的坦诚，但当对方缄默不语，或是失言时，则不应看着对方，加剧尴尬。目光注视的方式如图2-8所示。

一般来说，如果两个人在室内面对面交谈，目光距离最好在1~2m，目光注视对方胸部以上、额头以下部位。有时可能会出现谈话双方目光对视的情况，此时不必躲闪，泰然自若地徐徐移开目光就可以了。

如果是许多朋友一起交谈，讲话的人不能把注意力只集中在其中一两个熟悉的人身上，要照顾到在场的每一个人。同时，与谁交谈或看谁谈话时，就应把目光注视到对方身上，让人感觉到你在与他交谈或正在认真听他讲话，以示尊重。

（a）错误方式　　　　　　（b）错误方式　　　　　　（c）正确方式

图 2-8　目光注视的方式

目光接触的技巧有：生客看大三角、不生不熟看小三角、熟客看倒三角。

① 与不熟悉的顾客打招呼时，眼睛要看着他面部的大三角，即以肩为底线、以头顶为顶点的大三角形。

② 与较熟悉的顾客打招呼时，眼睛要看着他面部的小三角，即以下巴为底线、以额头为顶点的小三角形。

③ 与很熟悉的顾客打招呼时，眼睛要看着他面部的倒三角形。

3. 首语

首语是通过头部活动所传递的信息，最常见的是点头语和摇头语。一般点头语的语义是肯定，摇头语的语义是否定。点头语的语义还包括致意、同意、赞同、感谢、应允、满意、认可、理解、顺从等。但因环境和文化的差异，首语也有不同的形式和含义，例如，在保加利亚和印度的某些地方，他们的首语是"点头不算摇头算"，形式含义正好和常规相反，一定要注意区别。

4. 手势语

手势语是通过手和手指活动所传递的信息。作为信息传递的方式，手势在日常交际中使用频率很高，范围也较广泛。人们常常以拍桌表示愤慨，捶胸表示悲痛，不停地搓手表示为难，跷起大拇指表示称赞，V形手势表示胜利和成功等，在我国还有拱手作揖的礼节。

有时候下意识的手势动作会暴露我们内心的秘密。如十指交叉是不自信、心情不愉快、沮丧时常有的动作，据专家研究，这实际是一种防御性形式。人们在陌生人面前或是在紧张场合，多有这种姿势，以寻找安全感。再如，一个人和你谈话时，手一直不停摆弄衣角、扣子、笔或随手可及之物，那么，这个人内心很可能觉得不安、自卑、紧张。另外，双臂交叉胸前，既是拒绝又是保护。人总感到身在某种屏障后才安全，所以就以双手抱臂形式形成自我的保护圈，这样和对方、他人的距离拉远了，因此听别人谈话时，应尽量少抱双臂。

指引客户方向或看什么东西的时候，手臂应自然伸出，手心向上，四指并拢，出手的位置应根据与客户所处的相对位置而定，即使用与客户距离远的那条手臂。正确的引导手势如图 2-9 所示。

图 2-9　正确的引导手势

5. 鞠躬

鞠躬也是表达敬意、尊重、感谢的常用礼节。鞠躬时应从心底发出感谢、尊重,从而体现于行动,给人留下有诚意、真实的印象。在行鞠躬礼时,应以标准站姿站立或在按标准走姿行走时适当减缓速度,面带微笑,头自然下垂,并带动上身前倾 5°,时间要持续 1～3s。鞠躬礼仪如图 2-10 所示。

鞠躬礼仪的要点包括以下内容。

① "问候礼"通常是 30°,"告别礼"通常是 45°。

② 鞠躬时眼睛直视对方是不礼貌的表现。

③ 地位低的人要先鞠躬,而且相对深一些。

④ 男士行礼时,手放在身体的两侧;女士行礼时,双手握于身体前。

图 2-10　鞠躬礼仪

⑤ 当别人向你行鞠躬礼时,你一定要以鞠躬礼相还。

6. 服饰语

服饰语是交际者在交际场合通过服装和饰物传递的信息。人的服饰同人的行为举止一样有着丰富的信息传播功能。如今,人们常以穿一套"合适"的服装来代表自己,服饰作为一种信号已成为了一种特殊意义的交际语言。饰物本身并无意义,它只是一种象征、媒介。因此,佩戴饰物是向别人表明一种思想,有时候也是在寻觅沟通者。我们都知道,臂戴黑纱,是寄托哀思;胸戴十字架,是一种宗教信仰的表示;戒指的不同戴法则代表了不同的含义。因此,为了避免交际沟通中的误解,一定要准确理解服饰语。

正确运用体态语言能够加强信息的沟通,反映个人的性格与修养,展现不同地域与民族的文化。

英国哲学家培根曾经说过:"美的精华在于文雅的动作。"仪态礼仪的运用应遵循适合、一致、随附、简括等原则。汽车服务人员在具体的实际工作中要注意有效地运用各种仪态礼仪来辅助表达自己所要传达给顾客的信息与关怀，增强顾客信任，提高顾客满意度，提升企业形象，更好地为企业创造效益。

本章小结

本章通过对汽车服务人员的服务形象礼仪进行探讨，详细说明了仪容礼仪、仪表服饰礼仪及仪态礼仪的规范要求。

仪容礼仪主要介绍了仪容礼仪的基本原则，即干净、整洁和卫生，修饰要避人，及头发、面部、手部、颈部和脚部等方面基本的仪容礼仪。

仪表服饰礼仪主要介绍了仪表礼仪的要素，即卫生整洁、服饰得体；服饰打扮的原则，包括整洁原则、个性原则、适合原则、TPO原则和配色原则。

仪态礼仪主要介绍了站姿、坐姿、走姿、蹲姿和谈话姿势的基本礼仪规范，体态语言的礼仪，包括表情语言（微笑）、目光语、首语、手势语、鞠躬和服饰语等方面的规范要求。

实训与练习

一、填空题

1. 仪容礼仪包括＿＿＿＿＿、＿＿＿＿＿等，是人类为维系社会正常运行而要求人们共同遵守的最基本的道德规范。

2. 对面部皮肤进行护理的时候，要了解＿＿＿＿＿，选择合适的＿＿＿＿＿，采取正确的保养手段是非常重要的。

3. TPO是＿＿＿＿＿、＿＿＿＿＿、＿＿＿＿＿3个英文单词的缩写。

4. 坐着与人交谈时，双眼应＿＿＿＿＿，但时间不宜＿＿＿＿＿；也可用手势但不可过多或过大。

5. 在手势语中人们常常以拍桌表示＿＿＿＿＿，捶胸表示＿＿＿＿＿，不停地搓手表示＿＿＿＿＿，跷起大拇指表示＿＿＿＿＿，V形手势表示＿＿＿＿＿。

二、判断题

1. 汽车服务人员按常规修饰个人仪容时，可以不用回避他人，当众修饰自己。（　　　）

2. 汽车服务人员必须时刻保持手部干净清爽，但可以留长指甲。（　　　）

3. 整洁原则并不意味着时髦和高档，只要保持服饰的干净合体、整齐有致即可。（　　　）

4. 年轻人的着装要注意庄重、雅致、含蓄，体现其成熟和端庄，充分表现出成熟之美。（　　　）

5. 女士下蹲时两腿不一定要靠近，臀部也可向上。（　　　）

三、选择题

1. 下列属于在汽车服务活动中，女士的发型种类的有（　　　）。

A. 发髻　　　　B. 盘发　　　　C. 爆炸式　　　　D. 小平头

2. 汽车服务人员上班时的穿着要正式，适合穿制服、套装、套裙、连衣裙，饰品佩戴遵循"以少为佳"的原则，最多不要超过（　　）件。

    A. 一　　　　　　B. 二　　　　　　C. 三　　　　　　D. 四

3. 一般认为，衣服里料的颜色与表料的颜色，衣服某一色与饰物的颜色均可进行（　　）搭配。

    A. 呼应式　　　　B. 和谐式　　　　C. 对比式　　　　D. 色差式

4. 走姿中手臂的摆动幅度以（　　）为宜。

    A. 30°～35°　　　B. 40°～55°　　　C. 90°　　　　　D. 10°～25°

5. 在某些服务性行业里早已提出并实施了"八颗牙齿的微笑""（　　）的微笑"等微笑式服务标准。

    A. 零距离　　　　B. 1 米　　　　　C. 2 米　　　　　D. 3 米

四、实训练习

针对下列情景，请学生以小组形式完成练习。要求：① 在演练过程中拍下视频资料，留存回放，并在学习结束后进行对比；② 每个情景演练，要自我评价、小组互评、老师点评，作为过程考核的成绩。

1. 你是某品牌汽车 4S 店正式的销售顾问，今天下午跟一老客户约好对其进行上门拜访，你将在仪表和服饰方面做好哪些准备？

2. 风景秀丽的某海滨城市的朝阳大街，远东贸易公司正坐落于此。某照明器材厂的业务员金先生按原计划，手拿企业新设计的照明器样品，兴冲冲地登上六楼，脸上的汗珠未及擦拭，便直接走进了业务部张经理的办公室，正在处理业务的张经理被吓了一跳。

"对不起，这是我们企业设计的新产品，请您过目。"金先生说。张经理停下手中的工作，接过金先生递过的照明器样品，随口赞道："好漂亮呀！"并请金先生坐下，倒上一杯茶递给他，然后拿起照明器样品仔细研究起来。金先生看到张经理对新产品如此感兴趣，如释重负，便往沙发上一靠，跷起二郎腿，一边吸烟一边悠闲地环视着张经理的办公室。当张经理问他电源开关为什么装在这个位置时，金先生习惯性地用手搔了搔头皮。好多年了，别人一问他问题，他就会不自觉地用手去搔头皮。

虽然金先生做了较详尽的解释，张经理还是有点半信半疑。谈到价格时，张经理说："这个价格比我们预算的高出较多，能否再降低一些？"金先生回答："我们经理说了，这是最低价格，一分也不能降了。"张经理沉默了半天没有开口。金先生却有点沉不住气了，不由自主地拉松领带，眼睛盯着张经理。张经理皱了皱眉说："这种照明器的性能先进在什么地方？"金先生又搔了搔头皮，反反复复地说："造型新，寿命长，节电。"

张经理托词离开了办公室，只剩下金先生一个人。金先生等了一会儿，感到无聊，便非常随便地拿起办公桌上的电话，同一个朋友闲谈起来。这时，门被推开，进来的是办公室秘书。请指出金先生行为中不妥之处。

3. 客户发现自己刚买的车的出厂日期是 10 个月前，怒气冲冲地找你来讨个说法，你应该如何化解客户的怒气？现在请进入情景。

第 3 章
接待礼仪

【学习目标】

- 了解双方见面时接待礼仪的规范及应注意的问题。
- 能根据不同的交往对象和场景，准确地把握握手的时机和顺序。
- 了解拜访的基本原则，能有技巧地拜访客户。
- 懂得送客基本礼仪，学会针对不同客户的送别技巧。

【案例导入】

张林是市外办的一名干事，有一次，领导让他负责联络来本市参观访问的某国代表团。为了表达对对方的敬意，张林决定专程前往对方下榻的饭店拜访。

为了避免唐突，他先与对方约定了见面时间，并且告之自己将停留的时间。随后，他对自己的仪容、仪表进行了整理，并准备了一些本市风光的明信片作为礼物。

届时，张林如约而至，进门后，他主动向对方问好并与对方握手，随后做了简要的自我介绍，并双手递上自己的名片与礼品。简单寒暄后，他便直奔主题，表明自己的来意，详谈完后便握手告辞。

作为一名国家公务员，张林上述表现符合拜会的常规礼仪，展示了他训练有素的交际风采。

3.1　迎接礼仪

迎来送往，是社会交往接待活动中最基本的形式和重要环节，是表达主人情谊、体现礼貌素养的重要方面。尤其是迎接，是给客人留下良好第一印象的最重要工作。良好的第一印象，可为下一步深入接触打下基础。迎接客人要有周密的部署，应注意以下礼仪。

3.1.1　接待人员礼仪

（1）接待人员要品貌端正，举止大方，口齿清楚，具有一定的文化素养，受过专门的礼仪、形体、语言、服饰等方面的训练。

（2）接待人员服饰要整洁、端庄、得体、高雅。女士应避免佩戴过于夸张或有碍工作的饰物，化妆应尽量淡雅。

（3）如果来访者是预先约定好的重要客人，则应根据来访者的地位、身份等确定相应的接待规格和程序。在办公室接待一般的来访者，谈话时应注意少说多听，不宜隔着办公桌与来访者说话。对来访者反映的问题，应做简短的记录。

3.1.2　迎接客人的基本礼仪

迎接客人一般可分为室外迎接与室内迎接。室外迎接主要是指不在工作单位内的迎接，反之，就是指室内迎接。

1.　室外迎接礼仪

（1）迎接准备

对前来访问、洽谈业务、参加会议的外国或外地客人，应首先了解对方到达的车次、航班，安排与客人身份、职务相当的人员前去迎接。若因某种原因，相应身份的主人不能前往，前去迎接的主人应向客人做出礼貌的解释。

（2）及时迎接

主人到车站、机场去迎接客人，应提前到达，恭候客人的到来，绝不能迟到让客人久等。客人看到有人来迎接，内心必定感到高兴，若迎接来迟，必定会在客人心里留下不良印象，事后无论怎样解释，都无法消除这种失职和不守信誉的印象。

（3）迎接礼节

接到客人后，应首先问候"一路辛苦了""欢迎您来到我们这个美丽的城市""欢迎您来到我们公司"等。然后向对方做自我介绍，如果有名片，可送予对方，但要注意送名片的礼仪。

（4）交通工具的安排

迎接客人应提前为客人准备好交通工具，不要等到客人到了才匆匆忙忙准备交通工具，那样会让客人久等并误事。

（5）日程安排

主人应提前为客人准备好住宿，帮客人办理好一切手续并将客人领进房间，同时向客人介绍住处的服务、设施，将活动的日程安排交给客人，并把准备好的地图或旅游图、名胜古迹介绍等材料送给客人。

将客人送到住所后，主人不要立即离去，应陪客人稍作停留，热情交谈，谈话内容要让客人感到舒适，比如客人参与活动的背景材料、当地风土人情、有特点的自然景观、特产、物价等。考虑到客人一路旅途劳累，主人不宜久留，应安排客人早些休息。分别时应将下次联系的时间、地点、方式等告诉客人。

2. 室内迎接礼仪

① 客人要找的负责人不在时，要明确告诉对方负责人到何处去了，以及何时回本单位。请客人留下电话、地址，明确是由客人再次来单位，还是我方负责人到对方单位去。

② 客人到来时，我方负责人由于种种原因不能马上接见，要向客人说明等待理由与等待时间，若客人愿意等待，应该向客人提供饮品、杂志，如果可能，应该时常为客人换饮品。

③ 接待人员带领客人到达目的地，应该有正确的引导方法和引导姿势。

④ 招待中奉茶要有讲究。我国人民习惯以茶水招待客人，在招待尊贵客人时，茶具要特别讲究，倒茶有许多规矩，递茶也有许多讲究。

3.1.3 打招呼

在人际交往中，当商界人士互相见面或被他人介绍时，依照常例，应起身站立，热情地向对方打招呼，这是最普通的礼节。无论各国、各民族的习惯有多大不同，"以礼相待"是相同的。人们见面时总是以各种各样的方式互相问候。为此，我们首先要了解如何同别人打招呼。

1. 打招呼的含义

见面打招呼是最常见的礼仪。与西方人打招呼时，不要用中国人见面时习惯说的"你上哪儿去呀？"或者"你去干吗？"等问候语，这会被他们认为是想探听别人隐私的失礼行为。也不要见面就问"你吃饭了吗？"，这样往往会被误解成你要请他吃饭。

与外国人见面时，简单而又合适的打招呼是说："早上好""下午好""晚上好""您好"或"早安""晚安"。

2. 打招呼时应注意的问题

① 男士尊重女士。如果你在途中遇见相识的女士，倘若她不打招呼，你就不要去打扰她。她是不是主动向你打招呼，全由她决定。你只可向她答礼，除非你和她非常熟悉。男士主动先向女士打招呼，有时会给女士带来不便或尴尬。

② 不用莽撞的问候方式。如果你在公共场所遇见了许久未见的好朋友，请不要太激动。在街上，突然冲向对方；在会场上，猛然从座位上跳起来并穿过整个大厅；在人群里，冷不丁高呼朋友的名字，让旁人吓一跳，并为之行侧目礼等，都是很失礼的。

③ 大可不必为相识者有时碰到却对你"熟视无睹"，而感到不高兴。不要把不经心的"视而不见"与故意的轻蔑混为一谈。这很可能是对方正在沉思，或者眼睛近视，也可能是因为你的外貌有了改变。例如，有位女士对自己所从事的专业很有研究和造诣，是行业中公认的专家。但她的同事对她一直很有意见，认为她骄傲、不理人、摆架子。其实，她的"视而不见"，是因为她习惯在行走和空闲时，独自一人沉思。

④ 适时、适地打招呼。如果参加一个国际性的，或者是跨省市、跨行业的会议，在一天内几次遇见同一个熟人，每次都说"你好"，似乎太单调了。可以根据时间、场合，适地、适时地用不同的方式打招呼。

⑤ 与相遇的人打招呼。出差、开会、旅游，在旅馆居住或在商店购物时，都应该同遇见的服务员或售货员打招呼。只要是经常同自己打交道的，不论地位高低、贫富，都要注意见

面打招呼。

3. 商务场合打招呼的方式——招手致意

招手致意是商务交往打招呼常用的礼节方式。招手致意的功能因招手高度与方式的不同而有所区别。右手高举过顶，并用目光示意是表示招呼对方，受这种礼时必须答礼。手高举过头顶、掌心向前、左右不停摆动，是告别礼，其答礼也是向对方施以这种摇手礼。右手举起过肩但不过头，掌心向侧面，可作为与客人中距相望或行进中的礼节，亦须面带笑容，用目光示意对方，一般表示再会的意思。

3.1.4　汽车服务人员迎接顾客的语言技巧

展厅销售是一种被动销售，销售人员站在店面内等待顾客上门。顾客上门时需要销售人员采用顾客喜欢的方式去迎接顾客，只有这样顾客才会感觉更舒适。比较常用的 4 种相迎方式包括问好式（此处不作介绍）、切入式、应答式、迂回式。

> **知识链接：人性化地迎接客户**
>
> 　　有一次张先生和家人去 4S 店看车，走了 10 多个品牌的 4S 店，所有 4S 店的销售人员对于他们的来临全部是"统一口径"的"您好，欢迎光临！"听得他们已经没有一点感觉了。当时正值炎炎夏日，他们经过几个小时的折腾，早已口干舌燥。当他们走到某 4S 店时，听到销售人员说："快进来凉快凉快吧！"这句话让他们觉得瞬时凉爽了不少。销售人员先请他们喝了点水，然后聊了聊当时的天气，自始至终都没有提卖车的事。最后他们在这家 4S 店成功订购了一台车。
>
> 　　案例分析
>
> 　　"您好，欢迎光临！"这种问好大家都在说，说得多反而起不到相迎的作用了。4S 店众多，当每个店的销售人员都采用简单的问好方式，顾客就不会有特别的感受。
>
> 　　思考：如何给客户一种既有礼貌，又有新意的欢迎呢？
>
> 　　如果我们在问好的后面加上一些有特色的话语，做一个简单的引导，就会在顾客的心里留下一些新鲜的印象。
>
> 　　例如，"您好！欢迎光临××4S 店，外面很冷吧？今天天气预报说降温了。"这种问好更加人性化。
>
> 　　又如，"您好！欢迎光临××4S 店，这段时间我们品牌正在搞优惠活动……"这种问好让顾客对优惠感兴趣。
>
> 　　类似于这样，专业的销售人员在问好后加上简单介绍来吸引顾客，给顾客与众不同的感觉，让顾客记住这家店。

1. 切入式

顾客大都具有一种从众心理，越是人多的地方越要挤过去看看。所以你会发现，一个店面里人很多，还会有更多人拥进去，这就会造成一种局面，在人手不够的情况下，一下子来了三拨或者四拨顾客。怎样做才能照顾好每一拨顾客，让他们每个人都感觉到自己受到关照？切入式相迎非常适合此种情形！

举个简单的例子，比如一名顾客在和我们交流："嗯，你们这款车的内饰是什么材质的？结实吗？"顾客在探询，说明对产品有需求，我们的销售人员就要做出相应的解释："我们的内饰采用的是绿色环保合成材料，枫木内饰，既美观又耐用。"正在这时，又来了一批顾客。这时，我们要先安抚住眼前的顾客，"对不起，请稍等一下。"说完后立刻转到新来的顾客面前："先生您好！您先看看喜欢哪款车！"同时递上我们产品的介绍来稳住顾客，让他先来了解一下我们的产品，稳住顾客后马上回来和前面的顾客沟通："这位小姐，您看怎么样……"直到把第一拨顾客搞定，再转到新来的顾客那里："对不起，让您久等了"。只有这样做，你才会发现，每一批顾客你都能掌控得住，而且不会冷落任何一批顾客，不会出现顾客等了许久找不到人而黯然离去的情况。这就是切入式的相迎方式。

2. 应答式

应答式的相迎方式就是回答客户的问题，看起来是被动的，但是随时可以变被动为主动，通过回答顾客的问题了解顾客的需求。举个简单的例子。顾客："这是新上市的车型吗？"这时我们要先做回答，然后变被动为主动："是的，先生，您对我们品牌的车很了解是吗？"直接一个探询需求的问题就推给了顾客。而有些不合格的销售人员则是直接回答："是的，没错。"白白丢掉了探询顾客需求的机会。销售人员要努力做到随时探询顾客需求，随时用"问"的形式来引导我们的顾客。有的顾客可能会问："你们这款车的质量怎么样啊？"此时，销售人员会怎样回答呢？"这款车质量很好啊，销量很不错，您是第一次了解我们这款车吧？"这又是一种"问"的方式，有效引导我们的顾客，而不是顾客走到哪里跟到哪里。只有有效地引导顾客的需求，满足顾客的需求，才能逐渐成长为一名优秀的销售人员。这就是应答式的相迎方式。

3. 迂回式

迂回式的相迎方式就是要创造一种朋友见面的愉快场景，互相地交流沟通，不是直接切入销售的话题，而是采取迂回的策略，从其他话题引入。

举个简单的例子。

第一种："张先生，今天心情不错嘛，有什么好事情啊？"利用生活场景创造和谐的沟通氛围。

第二种："张先生，我记得您，您上次和夫人来过……"叙旧方式，表示顾客给自己的印象很深。

第三种："哦，这是您的小孩吧，好漂亮哦！"用赞美的方式让顾客心情愉快。

第四种："李先生，上次是您带朋友来买我们品牌的车吧，用得还好吧？"

营造一种朋友见面的感觉，既问候了顾客，也切入了话题。这就是迂回式的相迎方式。

3.2　握手礼仪

握手是日常交往的一般礼节，多用于见面时的问候与致意；也多用于告别时的致谢与祝愿，是世界各国通行的礼节。握手礼据说起源于原始社会，当时人们手中常常握着棍棒和石块，用来猎取动物和自我防卫。当与无利害冲突、无意侵犯的陌生人相遇时，就主动放下手中的东西，并让对方摸摸掌心，以示没有武器。另一个传说称，早在中世纪，打仗的骑兵都披甲顶盔，全身包裹严密，随时准备冲锋杀敌。如果表示友好，就要脱掉右手的铁甲，伸手相握。如果双方和谈成功，表示愿意和平共处，也伸手相握。这种习惯长期沿用，最后演变为今天人们见面和告别的礼节。握手虽是日常生活中看似平常的社交礼仪，但从握手中却可以传递出许多信息。在轻轻一握之中，可以传达出热情的问候、真诚的祝愿、殷切的期盼、由衷的感谢，也可以传达出虚情假意、敷衍应付、冷漠与轻视。所以，在日常交际中，我们必须注意握手的基本礼节。

3.2.1　握手的次序

握手的次序在正式场合，主要取决于职位、身份；在社交、休闲场合，则主要取决于年纪、性别、婚否。根据礼仪规范，握手的次序，一般应当遵守"尊者先伸手"的原则，应由尊者首先伸出手来，位卑者只能在此后予以响应，而绝不可贸然抢先伸手，不然就是违反礼仪。其基本规则如下。

1. 职位、身份高者与职位、身份低者

职位、身份高者与职位、身份低者握手，应由职位、身份高者先伸出手来。

2. 男女之间

男女之间握手，男士要等女士先伸出手后才握手。如果女士不伸手或无握手之意，男士向对方点头致意或微微鞠躬致意。男女初次见面，女方可以不和男士握手，点头致意即可。男女握手时，男士要脱帽和脱右手手套，如果偶遇匆忙来不及脱，要道歉。女士除非对长辈，一般可不必脱手套。

3. 宾客之间

宾客之间握手，主人有向客人先伸出手的义务。在宴会、宾馆或机场接待宾客，当客人抵达时，不论对方是男士还是女士，女主人都应该主动先伸出手。若主人是男士，尽管对方是女宾，也可先伸出手，以表示对客人的热情欢迎。而在客人告辞时，则应由客人首先伸出手来与主人相握，在此表示的是"再见"之意。

4. 长幼之间

长幼之间握手，年幼的一般要等年长的先伸手。和长辈及年长的人握手，不论男女，都要起立趋前握手，并脱下手套，以示尊敬。

5. 上下级之间

上下级之间握手，下级要等上级先伸出手。但涉及主宾关系时，可不考虑上下级关系，主人应先伸手。

6. 一个人与多人

若是一个人需要与多人握手，则握手时应讲究先后次序，由尊而卑，即先年长者后年幼者，先长辈后晚辈，先老师后学生，先女士后男士，先已婚者后未婚者，先上级后下级，先职位、身份高者后职位、身份低者。

另外，已婚者与未婚者握手，应由已婚者首先伸出手来。社交场合的先至者与后至者握手，应由先至者首先伸出手来。

3.2.2 握手的时机

握手是社交中见面与告别时应用的礼节，除了应本着"礼貌待人，自然得体"的原则灵活运用这一礼节外，下述场合应特别重视，不要疏忽。

① 在被介绍与人相识，双方互致问候时，应握手致意，表示为相识而感到荣幸与高兴，愿与对方建立友谊与联系。

② 友人久别重逢或同事多日未见，相见时应握手表示问候、关切以及为见面感到高兴。

③ 当对方取得很大的成绩或重大的成果、获得奖赏、被授予荣誉称号或有其他喜事时，见面应与之握手以表示祝贺。

④ 在自己领取奖品时，应与发奖者握手以表示感谢。

⑤ 当有人向自己赠送礼品、发表祝词讲话时，应与其握手以表示感谢。

⑥ 在社交场合突然遇见友人或领导时，应握手表示问候和欣喜之情。

⑦ 当拜托别人为自己做某件事准备告别时，应握手表示感谢和恳切企盼之情。

⑧ 当别人为自己和自己的家人做了某件好事或帮了忙时，应握手表示感谢。

⑨ 在参加宴请（包括各种茶话会、招待会、家庭宴会等）后，应和主人握手表示感谢。

⑩ 在拜访友人、同事或上司等辞别时，应握手以表示希望再见之意。

⑪ 邀请客人参加活动，在告别之时，主人应和所有的客人握手，以表示感谢对方的支持与光临。

⑫ 参加友人、同事或上下级的家属追悼会，在离别时，应和死者的主要亲属握手，表示劝慰。

3.2.3 握手的姿态

1. 男士握位

男士握手应握整个手掌，如图 3-1 所示。

图 3-1　男士握位

2.　女士握位

女士握手应握食指位，如图 3-2 所示。

图 3-2　女士握位

3.　男女握位

男士握手应握女士的手指部位（或手掌三分之一处），或轻轻贴一下，如图 3-3 所示。

图 3-3　男女握位

3.2.4　握手的方式

握手的标准方式，是行礼时行至距握手对象约 1m 处，双腿立正，上身略向前倾，伸出右手，四指并拢，拇指张开与对方相握。握手时应用力适度，上下稍许晃动三四次，随后松开手，恢复原状。具体应注意以下几点。

1. 神态

与人握手时神态应专注、热情、友好、自然。在通常情况下，与人握手时，应面带微笑，目视对方双眼，并且口道问候。在握手时切勿三心二意、敷衍了事、漫不经心或傲慢冷淡。迟迟不握他人早已伸出的手，或是一边握手一边东张西望，甚至忙于跟其他人打招呼，都是极不礼貌的。

2. 力度

握手时用力应适度，不轻不重恰到好处。如果手指轻轻一碰，刚刚触及就离开，或是懒懒地慢慢地相握，缺少应有的力度，都会给人勉强应付、不得已而为之的感觉。

一般来说，手握得紧是表示热情，男士之间可以握得较紧，甚至另一只手也加上。可以握住对方的手大幅度上下摆动，或者在手相握时，左手握住对方胳膊肘、小臂甚至肩膀，以表示热烈。但是要注意既不能握得太使劲，使人感到疼痛，也不能显得过于柔弱，不像个男子汉。对女士或陌生人，轻握是很不礼貌的，尤其是男士与女士握手应热情、大方、用力适度。

3. 时间

握手的时间通常是 3～5s，握紧后打过招呼即松开。匆匆握一下就松手，是在敷衍；长久地握着不放，又未免让人尴尬。但亲密朋友意外相遇、敬慕已久而初次见面、至爱亲朋依依惜别、衷心感谢难以表达等场合，握手时间就长一点，甚至紧握不放，话语不休。在公共场合，如列队迎接外宾，握手的时间一般较短。握手的时间应根据与对方的亲密程度而定。

知识链接：握手"七要诀"

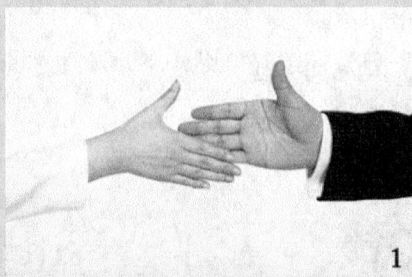

图 1　大方伸手

图 2　虎口相对

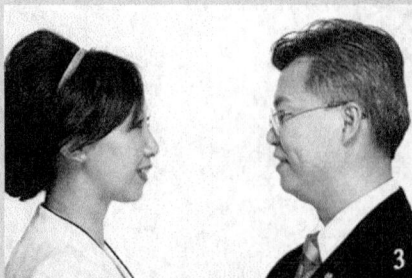

图 3　目视对方

图 4　面带微笑

图5　七分力度　　　　　　　　　　　图6　男女平等

图7　3s 结束

3.2.5　握手的禁忌

在人际交往中，握手虽然看似寻常，但是由于它可被用来传递多种信息，因此在行握手礼时应努力做到合乎规范，并且避免触犯下述禁忌而失礼。

① 不要用左手与他人握手。

② 不要在握手时争先恐后，而应当遵守秩序，依次而行。

③ 不要戴着手套握手，在社交场合女士的晚礼服手套除外。

④ 不要在握手时戴着墨镜，只有患有眼疾或眼部有缺陷者才能例外。

⑤ 不要在握手时将另外一只手插在衣袋里。

⑥ 不要在握手时另外一只手依旧拿着香烟、报刊、公文包或行李等东西而不肯放下。

⑦ 不要在握手时面无表情，不置一词，好似根本无视对方的存在，而纯粹是为了应付。

⑧ 不要在握手时长篇大论，点头哈腰，滥用热情，显得过分客套，让对方不自在，不舒服。

⑨ 不要在握手时把对方的手拉过来、推过去，或者上下左右抖个没完。

⑩ 不要在与人握手之后，立即揩拭自己的手掌，好像与对方握一下手就被感染了似的。

3.2.6　握手的技巧

在商务场合，握手应注意掌握以下技巧。

1. 主动与每个人握手

在商务场合，如谈判开始之前，双方都要互相介绍认识一下。这时候，你最好表现得积极、主动一些，表示你很高兴与他们认识。为了表示你的这种善意，可以主动地与他们每一个人握手，因为你主动就说明你尊重对方，只有在你尊重别人时，才会受到别人的尊重。

2. 有话想让对方出来讲，握手时不要松开

有时你想找对方谈一些事，不巧的是房间里还有其他人在，你想与对方单独谈，耐心等了很久以后仍没有机会，那你只好想办法让对方出来说了。但你不能明白告诉对方："我有点事，咱们到外边说。"这显然是不礼貌的。你得想办法让对方起身相送。在你起身告辞时，对方站起来，你就边与对方交谈，边向外走。如果对方无意起身，你就走近他，很礼貌地与他握手，出于礼貌对方会站起身来相送，然后你边说边往外走，千万不能断了话。因为当你还有话要说时，对方是不好意思不送你的。说话时，眼睛也要看着对方，不要只顾走。走到门口对方要与你告辞，你主动伸手与他握手，握手之后不要马上松开，要多握一会儿，并告诉对方："你看我还有件事……"你说得缓慢些，对方也就意识到了，他也就主动走出来了。

3. 握手时赞扬对方

握手时的寒暄话是非常重要的，在你与对方握手的时候，可以对对方表示一下关心和问候，或赞扬对方。

握手时双方的距离很近，对方的衣着服饰可以尽收眼底，如果你用心观察，肯定会发现某一方面值得你赞扬。而每个人又都有自己特别注重的地方，有人特别爱惜自己的发式，每天修理头发，使自己神采奕奕；有人特别注意领带，不惜高价买一条，或用一枚精制的领带夹子点缀一下，使自己容光焕发；有的穿了一件新西装，质地优良、做工讲究；有的穿一件色彩和谐明快的衬衣，使自己显得年轻漂亮。见面握手时不能对这些熟视无睹，要加以赞美。双方会因此而亲近，而你的格外大方、热情、细心，也会给人留下一个好印象。

在正式场合，握手的次序主要取决于职位和身份。握手时一方面要注意握手的次序，一般的做法是长辈先伸手，上级先伸手，老师先伸手，主人先伸手或客人先伸手；另一方面，在与他人行握手礼时还要注意尽量克服错误的握手习惯，忌用左手握手，忌坐着握手，忌戴有手套，忌手脏，忌交叉握手，忌与异性握手用双手，忌三心二意。

3.3　拜访礼仪

许多汽车服务人员在首次拜访新客户时，在内容及形式方面把握不好，甚至犯了许多低级错误，沟通内容无法引起客户的兴趣而失去合作机会。拜访客户时，一定要注重礼节、尊重客户，不能在客户面前表现得随随便便，一定要按照以下基本礼节去拜访客户。

3.3.1　拜访的基本原则

1. 拜访前的相邀礼仪

不论因公还是因私而访，都要事前与被访者电话联系。联系的内容主要有以下 4 点。
① 自报家门（姓名、单位、职务）。
② 询问被访者是否在单位（家），是否有时间或何时有时间。
③ 提出访问的内容（有事相访或礼节性拜访）使对方有所准备。

④　在对方同意的情况下定下具体拜访的时间、地点。注意要避开吃饭和休息时间，特别是午睡时间。最后，对对方表示感谢。

2. 拜访中的举止礼仪

（1）要守时守约。

（2）讲究敲门的艺术。

要用食指敲门，力度适中，间隔有序敲 3 下，等待回音。如无应答，可再稍加力度，再敲 3 下；如有应答，再侧身隐立于右门框一侧，待门开时再向前迈半步，与主人相对。

（3）主人不让座不能随便坐下。

如果主人是年长者或上级，主人不坐，自己不能先坐。主人让座之后，要说"谢谢"，然后采用规矩的坐姿坐下。主人献上果品，要等年长者或其他客人动手后，自己再取用。即使在最熟悉的朋友家里，也不要过于随便。

（4）跟主人谈话，语言要客气。

（5）谈话时间不宜过长。

起身告辞时，要向主人表示"打扰"的歉意。出门后，回身主动伸手与主人握别，说 "请留步"。待主人留步后，走几步，再回首挥手致意："再见。"

3.3.2　拜访客户的技巧

拜访客户是业务人员最基础最日常的工作：调查需要拜访客户、新品发布需要拜访客户、促进交流需要拜访客户。但是拜访客户也需要技巧，不能白白浪费时间和体力。

1. 开门见山，直述来意

在对方没有接待其他拜访者的情况下，初次和客户见面时，我们可用简短的话语直接将此次拜访的目的向对方说明。比如，向对方说明自己是哪个产品的生产厂家（代理商）；是来谈供货合作事宜，还是来开展促销活动；是来签订合同，还是查询销量；需要对方提供哪些方面的配合和支持等。如果没有这一番道明来意，试想当我们的拜访对象是一位终端营业员时，他起初很可能将我们当成一名寻常的消费者而提供周到的服务。当他为推荐产品、功能、提醒注意事项等大费口舌后，我们再向他说明拜访的目的，突然来一句"我是某家供应商，不是来买产品，而是来搞促销……"，对方将有一种强烈的"白忙活"甚至是被欺骗的感觉，马上就会产生反感、抵触情绪。这时，要想顺利开展下一步工作肯定就更难了。

2. 突出自我，赢得注目

有时，我们一而再再而三地去拜访某一家公司，但对方却很少有人知道我们是哪个厂家的、业务员叫什么名字、与之在哪些产品上有过合作。因此，我们在拜访时必须想办法突出自己，赢得大多数客户的关注。

首先，不要吝啬名片。每次去拜访客户，除了要和直接沟通的关键人物联络之外，同样应该给经理、财务工作人员、营销人员甚至是仓库收发的相关人员，都发放一张名片，以加强对方对自己的印象。发放名片时，可以出奇制胜。比如，将名片的反面朝上，先以印在名片背面的产品来吸引对方，因为客户真正关心的不是谁在与之交往，而是与之交往的人能带给他什么样的盈利产品。将名片发放一次、二次、三次，直至对方记住你的名字和你正在做的产品为止。

其次，在发放产品介绍或其他宣传资料时，有必要在明显的地方标明自己的姓名、联系电话等主要信息，并以不同色彩的笔迹加以突出；同时对客户强调，只要拨打这个电话，你随时都可以为其服务。以销量较大的产品的品牌效应引起客户的关注："您看，我们公司这个产品销得这么好，做得这么好，这次与我们合作，您还犹豫什么呢？"适时地表现出你与对方的上司或领导（如总经理等）等关键人物的"铁关系"，如当着被拜访者的面与其上司称兄道弟、开玩笑、谈私人问题等。试想，上司和领导的好朋友，对方敢轻易得罪吗？当然，前提是你真的和他的上司或领导有着非同一般的"铁关系"。再者，表现这种"铁关系"也要有度，不要给对方"拿领导来压人"的感觉，否则，效果将适得其反。

3. 察言观色，投其所好

我们拜访客户时，常常会碰到这种情况：对方不耐烦地对我们说"我现在没空，我正忙着呢！你下次再来吧。"对方说这些话时，一般有几种情形：一是他确实正在忙其他工作或接待其他顾客，他们的谈话内容、返利的点数、出售的价格可能不便于让你知晓；二是他正在与其他的同事或客户开展娱乐活动，如打扑克、玩麻将、看足球或是聊某一热门话题；三是他当时什么事也没有，只是因为某种原因心情不好而已。

当然，第一种情形之下，我们必须耐心等待，主动避开，或找准时机帮对方做点什么。比如，如果我们的拜访对象是一位终端卖场的营业员，当某一个消费者为是否购买某产品而举棋不定、犹豫不决时，我们可以在一旁帮助营业员推介，义务地充当一回对方的"帮手"以坚定顾客购买的决心。在第二种情形下，我们可以加入他们的谈话行列，以独到的见解引发对方讨论以免遭受冷遇；或者将随身携带的小礼品（如扑克牌）送给他们，作为娱乐的工具。这时，我们要有能与之融为一体、打成一片的姿态，要有无所不知的见识。在第三种情况下，我们最好是改日再去拜访，不要自找没趣。

4. 明辨身份，找准对象

如果我们多次拜访了同一客户，却收效甚微：价格敲不定、协议谈不妥、促销不到位、销量不增长等。这时，我们就要反思，是否找对人了，即是否找到了对我们拜访目的实现有帮助的关键人物。

这就要求我们在拜访时必须处理好"握手"与"拥抱"的关系。与一般人员"握手"不让对方感觉对他视而不见即可，与关键、核心人物要紧紧地"拥抱"在一起，建立起亲密关系。所以，对方的真实"身份"我们一定要搞清，他（她）到底是经理、卖场经理、财务主管，还是一般的营业员、促销员。在不同的拜访目的下，对号入座去拜访不同职位（职务）的人。比如，要客户购进新产品，必须拜访采购人员；要客户支付货款，必须和财务人员一起；而要加大产品的推介力度，最好是找一线的营业人员。

5. 宣传优势，诱之以利

商人重利。这个"利"字，包括两个层面的含义，即"公益"和"私利"。我们也可以简单地把它理解为"好处"，只要能给客户带来某一种好处，我们就一定能被客户所接受。

首先，明确"公益"。这就要求我们必须能将公司品种齐全、价格适中、服务周到、质量可靠、规范等能给客户带来暂时或长远利益的优势告知客户，让客户感觉到与我们做生意，既放心还能盈利。这种"公益"我们要尽可能地让客户那方更多的人知晓，知晓的人越多，我们日后的拜访工作就越顺利，因为没有谁愿意怠慢给他们公司带来利润和商机的人。

其次，暗示"私利"。如今各行业在生产过程中，很多厂商对购进、开票、终端促销等关键环节都配有形式多样的奖励，以提高个人业绩。

6. 以点带面，各个击破

如果我们想找客户了解一下同类产品的相关信息，而客户在有关产品价格、销量、返利、促销力度等方面往往避而不谈，以致我们根本无法调查到有关竞品的真实信息，这时我们要想击破这一道"统一战线"往往比较困难。所以，我们必须找到一个重点突破对象。比如，找一个年纪稍长或职位稍高的在客户中较有威信的人，根据他的喜好，开展相应的公关活动，与之建立"私交"，让他把真相告知我们。甚至还可以利用这个人的口碑和推介来感染、说服其他的人，以达到进货、收款、促销等拜访目的。

7. 端正心态，永不言败

客户的拜访工作是一场概率战，很少能一次成功，不可能一蹴而就。我们既要发扬"四千精神"即走千山万水、吃千辛万苦、说千言万语、想千方百计，还要培养"都是我的错"的心态境界，"客户拒绝，是我的错，因为我缺乏推销；因为我预见性不强；因为我无法为客户提供良好的服务……"，为拜访失败而总结经验。只要能锻炼出对客户的拒绝"不害怕、不回避、不抱怨、不气馁"的"四不心态"，我们将离客户拜访成功又近了一大步。

3.4　欢送礼仪

人们常说："迎人迎三步，送人送七步。"可见送客礼节是多么重要。接待工作顺利完成后，作为一位懂礼的商务人员，必须认识到送客比接待更重要，这是为了留给对方美好的回忆，以期待客人能再度光临。因此，送客又被称为商务工作的"后续服务"。

3.4.1　送客基本礼仪

1. 亲切相送

客人提出告辞时，接待人员要等客人起身后再站起来相送，切忌没等客人起身，自己先于客人起立相送，这是很不礼貌的。若客人提出告辞，服务人员仍端坐在办公桌前，嘴里说"再见"，而手中却还忙着自己的事，甚至连眼神也没有转到客人身上，则更是不礼貌的行为。因此，每次见面结束，都要以将"再次见面"的心情来恭送对方。通常当客人起身告辞时，服务人员应马上站起来，主动为客人取下衣帽，帮他穿上，与客人握手告别，同时选择最合适的言辞送别，如"希望下次再来"等礼貌用语。对初次来访的客人更应该热情、周到、细致。

2. 注意客人物品

客人临走时要帮忙留意是否有物品遗漏，这是一种体贴客人的行为，不要让客人回头再来一趟，还可减轻自己保管客人物品的麻烦及责任，对双方都有好处。若客人带有较多或较重的物品，送客时应帮客人提重物。与客人在门口、电梯口或汽车旁告别时，要与客人握手，目送客人上车或离开，要以恭敬真诚的态度，笑容可掬地送客，不要急于返回，应鞠躬挥手致意，待客人移出视线后，才可结束告别。如果以小轿车送客人，要注意乘车的座次、次序。

3. 告知路线

客人离开前应询问是否熟悉回程路线及搭乘交通工具的地点和方向，尤其对远道而来的访客更应表达关心之情。一般情况下要帮客人预订好返程票。

4. 目送远离

礼貌送客时，光说一声"再见"，有时显得太简单，不妨加上一两句话，如"今天能和你谈话很高兴""今天谈话受益很大，谢谢""欢迎下次再来"。一般服务人员在接待完成后站在门口鞠躬相送，目送客人离开，当客人注意到你有礼的态度时，心中会感到十分温暖。一般单位在送客时可送至大门外、电梯口甚至送上车帮客人关车门。身份地位愈高的贵宾通常也愈有礼貌，往往于上车后将车窗摇下挥手道别，因此服务人员不可于客人上车后就离去，应等待客人坐车离开视线后再离去。

3.4.2 礼品馈赠礼仪

在商务交往中，礼品往往必不可少。它是沟通人际关系的润滑剂，无论好友，还是商务伙伴，相互馈赠礼品都能增进彼此的感情，因此，了解礼品馈赠礼仪的知识，能让处理生活与工作中的人际关系更加得心应手。

1. 赠送礼品的注意事项

从商务礼仪的角度而言，赠送礼品需要注意 3 个方面：赠送礼品的时间、赠送礼品的地点、赠送礼品的方式。三者需要兼顾。

（1）赠送礼品的时间

赠送礼品的时间是指选择赠送礼品的时机及具体时间。

① 选择恰当的时机。

a. 节假日。遇到我国传统节日如春节、端午节、中秋节等，还有法定节日如元旦、五一国际劳动节、六一儿童节、教师节、国庆节等都可以送些适当的礼物表示祝贺。

b. 喜庆嫁娶。乔迁新居、过生日、生小孩、庆祝寿诞、结婚等，遇到亲友家中的喜庆日子，一般应备礼相赠，以示庆贺。商务上也有一些喜庆日子，如开业典礼、周年纪念、校庆、重大科技成果投产等，备礼相送表示祝贺与纪念，可以增进社会交往关系。

c. 探视病人。亲友、同学、同事或领导有病，可以到医院或病人家中探望，并带去一些病人喜欢的水果、食品和营养品等，表示问候与关心。

d. 拜访、做客。这种时候可以备些礼物送给主人，特别是女主人或小孩。

② 选择具体时间。一般来说，当我们作为客人拜访他人时，最好在双方见面之初向对方送上礼品，而当我们作为主人接待来访者之时，则应该在客人离去的前夜或举行的告别宴会上，把礼品赠送给对方。

（2）赠送礼品的地点

考虑赠送礼品的地点时要注意公私有别。一般来说，商务交往中所赠送的礼品应该在商务场合赠送，如办公室、写字楼、会客厅；在谈判之余，商务交往之外或私人交往中赠送的礼品，则应在私人居所赠送，不宜在公共场合赠送。

（3）赠送礼品的方式

在商务交往中，赠送礼品的具体方式应注意以下 3 点。

① 应加以包装，显示馈赠者的情谊。正式场合赠送他人的礼品最好加以包装，向外籍客人赠送礼品则必须加以包装，因为包装意味着重视，不加以包装有敷衍了事的嫌疑。

礼品一般用包装纸（彩色纸）包装，即使有礼品盒装的礼品也要另外包装，扎上漂亮的绸带。

如果是邮寄或托人赠送的礼品，也要加以包装，而且要附上贺词或名片。受礼者收到礼品后，也应回复一张名片或一封感谢信以示感谢。

② 当面赠送应适当说明礼物。在正式商务交往中将所选择的礼品赠送给他人时，要进行必要的说明，比如要说明礼品的含义、具体用途及与众不同之处，以使交往对象加深对礼品的印象，同时接受礼品赠送人的善意。

③ 应由在场地位最高者出面赠送。赠送礼品时，如果条件允许，应该由本单位、本部门在场之人中身份地位最高者亲自出面赠送。由领导亲自出面向客人赠送礼品，对方会有种被重视的感觉，换而言之，让身份较低的人去赠送礼品，难免就会失敬于对方，使对方有不被重视的感觉。

知识链接：千里送鹅毛，礼轻情意重！

"千里送鹅毛"的故事发生在唐朝。当时，云南一少数民族的首领为表示对唐王朝的拥戴，派特使缅伯高向太宗贡献天鹅。

路过沔阳河时，好心的缅伯高把天鹅从笼子里放出来，想给它洗个澡。不料，天鹅展翅飞向高空。缅伯高忙伸手去捉，只扯得几根鹅毛。缅伯高急得顿足捶胸，号啕大哭。随从们劝他说："已经飞走了，哭也没有用，还是想想补救的方法吧。"缅伯高一想，也只能如此了。

到了长安，缅伯高拜见唐太宗，并献上礼物。唐太宗见是一个精致的绸缎小包，便令人打开，一看是几根鹅毛和一首小诗。诗曰："天鹅贡唐朝，山高路途遥。沔阳河失宝，倒地哭号啕。上复圣天子，可饶缅伯高。礼轻情意重，千里送鹅毛。"唐太宗莫名其妙，缅伯高随即讲出事情原委。唐太宗连声说："难能可贵！难能可贵！千里送鹅毛，礼轻情意重！"

这个故事体现着送礼之人诚信的美德。今天，人们用"千里送鹅毛"比喻送出的礼物单薄，但情意却异常浓厚。

2. 礼品的选择

馈赠之前，要对礼品进行认真选择，首先要考虑对方有什么爱好、兴趣和禁忌；其次要考虑送礼的原因和目的，尽量使礼品恰当；同时送礼不可太贵重，过于贵重的礼品易使对方产生不安，有行贿之嫌，总觉得背负你的"人情债"，就事与愿违了；最后还要注意礼品的包装。

礼品可以分为两种：一种是可以长期保存的，如工艺品、书画、照片、相册等；一种是保存时间较短的，如挂历、食品、鲜花等。馈赠时可根据自己的实际情况加以选择。喜礼，如朋友结婚，可送鲜花、书画、工艺品、衣物等；贺礼，如企业开张、大厦落成、厂庆等，可送花篮、工艺品等。

（1）宜选的礼品

在商务交往中，宜选具有一定的宣传性、纪念性、独特性、时尚性的礼品，有时还应注意礼品的便携性。

① 宣传性。在商务交往中，首先要注意礼品的宣传性，意在推广宣传企业形象，并非贿赂、拉拢他人。

② 纪念性。在商务交往中，所使用的礼品要能达到使对方记住自己，记住自己的单位、产品和服务的作用，使双方友善和睦地交往。

③ 独特性。商务交往中礼品应具有独特性。要做到人无我有，人有我优。不要千篇一律，否则就有敷衍了事之嫌。

④ 时尚性。礼品不仅要与众不同，还应特别注意礼品的时尚性。在商务交往中选择礼品时，不能选太落伍的礼品，否则会适得其反。

⑤ 便携性。当客人来自异地他乡时，送给对方的礼品，要不易碎、不笨重，便于对方携带，否则会给对方平添烦恼。

（2）忌选的礼品

商务交往中，有些物品是不可以作为礼品赠送给对方的，否则不仅不会给对方带来快乐，反而会弄巧成拙。

① 不能送大额现金和有价证券，否则就有收买对方之嫌。同时还要注意，金银珠宝也不适合送与别人。

② 粗制滥造的物品或过季的商品不能送给别人，否则有愚弄对方、滥竽充数之嫌。

③ 不能送给对方药品，否则有暗示对方身体欠佳之意。

④ 带有明显广告标志和宣传用语的物品不能送给别人，否则有利用对方为自己充当广告标志之意。

⑤ 违背对方民族习俗、宗教信仰和生活习惯的物品不能送，否则有不尊重对方之嫌。

3. 赠送礼品礼节

赠送鲜花是商务交往中常见的礼节形式。赠送鲜花能带给人快乐，鲜花象征美好的生活，但是各国送花的风俗习惯有所不同，应该尊重所在国的赠花礼节。

① 根据赠礼对象的需要选择鲜花。在西方国家，不同的鲜花具有不同的含义，应作不同的礼品使用。

红玫瑰的花语是"我真心爱你"，象征年轻美貌，一般送给亲近的女性，表示爱慕和亲近之意，如妻子、恋人或未婚的女友。

百合花、并蒂莲、郁金香、康乃馨是"百年好合""恩爱幸福"的象征，可送给友人祝贺新婚或祝贺友人银婚、金婚。

石榴花、月季花、象牙花，是祝贺年轻人生日的最好礼物，而龟背竹、万年青、寿星草等可祝福老年人健康、幸福、长寿。

黄月季花、芝兰赠送给住院的病人最为适宜，有祝早日康复之意，而松柏、梅花则能鼓励病人与病魔做斗争，树立战胜疾病的信心。

吉祥草、牡丹、报喜花、芍药、金达莱等花草能体现鸿运祥达、昌盛繁荣的美好之意，作为开张祝贺的礼品最适宜。

此外，象征友谊纯洁的茉莉花与柠檬花能给友人会面增添欢快和情趣，而秋海棠能给遇到困难的友人以精神上的安慰和鼓励。

由此可见，不同的鲜花有不同的用途，按照各国通行的礼节赠送鲜花，才能收到良好的效果。

②根据场合选择赠花的方式。鲜花是情调高雅的馈赠礼品，是人们情感交流的信使，所以根据不同场合和礼节要求选择不同的赠花方式是应该注意的。

如果是一对夫妇或一家人同时赴邀，一般由丈夫将花递给女主人，这是一些国家"女士优先"的礼节所规定的。如果是大型的庆典活动，鲜花必须提前两小时送到，以便主人进行布置和摆放。赴酒会或晚宴，一般是不赠花的，如果需要赠花，也是在活动之后让人将鲜花送给女主人，以示敬意和友情。

如果托人送鲜花，一定要附一个小信封写明收花人的姓名。信封里面放上送花人的名片，名片正面上方写上祝贺人的事由，千万别写在背面，也不用签名。

4. 接受礼品礼节

商界人士在许多场合，往往也是受赠者，要去接受他人赠送给自己的礼品。在这种情况下，商务人员的行为应当合乎礼仪规范。因为人们在接受礼品时的反应与表现，与其自身的素养有着相当密切的关系。

（1）应当注意自己在接受礼品时的态度

当他人表示要向自己当面赠送礼品时，不论自己当时多么忙，都要停下手中的事情，站起身来，做好准备。

当送礼者取出礼品时，须表现得大方、稳重。不要显得过于激动，接二连三地询问"送我什么"，或宣称"相信你不会空手而来"。不要目不转睛地盯住对方捧着礼品的双手，更不要急着伸手去"抢夺"过来，一睹为快。

得体之法，是认真而且面带微笑地注视着对方。当对方递上礼品时，应双手捧接过来。不要只用一只手去接，尤其是不要只用左手去接。接过礼品后，循例应当先用左手将其托在胸前，同时以右手与送礼者相握，以示热忱。要是礼品较大，可双手先捧着它慢慢放在一旁，然后再去与对方握手。如果对方当时赠送的只是一份礼品单，商务人员也应当这样去做。只不过在与对方握手前，须细读一遍礼品单。

在同送礼者握手的同时，应当口头上向对方恭敬地致以谢意。可以说"谢谢您""多谢您的好意""真不好意思，让您破费了""它太漂亮了，我很喜欢""它正是我所喜欢的"等，来表示自己的"笑纳"。

此后，如果在场者甚多，可以先放下礼品，然后继续与他人应酬。放下礼品时，依旧要用双手轻放，并且应放在醒目之处。不要随手扔在地上，塞进床底下，或是抛入抽屉内。

若在场者人数不多，时间比较充裕，而且礼品有正规的包装时，最好在接受礼品后，当着送礼者的面，把包装打开。这样做，不会显得自己"急不可耐"，而是公认的对礼品表示赞赏的一种做法。跟外商交往时，必须要这么做。打开礼品包装时，动作要慢，要文雅温和，不要上去乱撕、乱扯，或是随手乱扔包装纸与包装袋。打开包装后，应将礼品捧在手中观赏一会儿，并当面表明自己的欣赏之意。例如，可以说"这花真美，真香""这件衬衫太好看了""这本书我一直没有买到"等。可能的话，还可将礼品"试用"一下。比方说，将收到的鲜花装入花瓶，将获赠的磁带放入录放机，将获赠的衣服穿在身上试一下等。

若他人所赠的礼品是由别人转交的，在收到之后，应立即为此专门打一个电话，表示一下谢意。然后，还应再写一封道谢的书信，或寄给对方一枚道谢卡。

（2）应当拒绝时，亦须有礼有节

在一般情况下，若送礼者并无歹意，且其所送礼品未触犯受赠者的忌讳时，不应当虚情假意地进行过多的推辞。

在他人当面赠送给我们礼品时，不要说让人心里不痛快的话，也不要推来推去。比如，"你这是干什么""这样可不行""我坚决不能要""这东西送给我真是糟蹋了""它太时髦了，我穿不出去""好是好，就是不实用""你还是把它退了吧"等，都是不太好的。

当然，假如对方赠送的礼品确实不宜接受，是可以拒收的。只是拒礼时，务必要讲究方式方法，不要让对方难堪。如果无外人在场，可当面委婉地表明自己的拒收之意。可以"公事公办"，认真地告诉对方："您的好意我领了，只是公司规定不允许接受客户的礼品，实在抱歉。"也可以婉言相告："太遗憾了，虽然我很喜欢它，可是已经买过了。"千万不要在拒礼时态度生硬，无礼地质问、斥责、讽刺或挖苦对方。

如果当时在场之人较多，当场可将礼品先收下来，过后再面交、寄交或代交其原主人。事后退还礼品，也应当口头或书面解释一下理由，并且勿忘感谢对方。退还礼品，通常不应超过一天。

知识链接

一位女士，在伦敦留学时，曾在一家公司打工。女老板对她很好，在很短的时间内便给她加了几次薪。一日，老板生病住院，这位女士打算去医院看望病人，于是她在花店买了一束红玫瑰花，在半路上，她突然觉得这束花的色彩有点儿单调而且看上去俗气，就又去买了十几枝黄玫瑰，并且与原来的玫瑰花插在一起，自己感到很满意，走进了病房。结果，她的老板见到她的时候，先是高兴，转而大怒。

请思考：

1. 这位女士违反了什么礼仪？
2. 她应该怎么做？

3.4.3 汽车营销服务人员送客的语言技巧

汽车营销服务人员对即将离开 4S 店的客户说上一两句有礼貌的送别话语，绝不仅仅是一种单纯的礼貌性的表示，而是有着丰富的内在含义的。

1. 关心性的送别技巧

这种送别技巧用于送别特殊客户和粗心客户。如年纪稍长、记忆力不佳的客户，汽车营销服务人员送别时要用既亲切又关心的生活语言说："先生，请将文件拿好，有使用问题随时给我打电话！"这种送别语从词语的选择、语调的运用上就非常符合这部分客户的心理需求。当粗心的客户选购完商品临走时，汽车营销服务人员应该说："先生，请把发票装好，把东西拿好，恭候您下次光临！"这样客户会觉得汽车营销服务人员的提醒太及时了，从而产生感激之情。如果客户是位残疾人，自尊心又很强，汽车营销服务人员的送别语应该像对待正常客户一样，语调少用拖音，以避免客户误解。

2. 祝福性的送别技巧

当客户选购完商品将要离开柜台时，汽车营销服务人员用祝愿幸福之类的语言送别客户。这些祝福性的送别语言具有很强的针对性。如年轻夫妇选购完汽车后，在送别他们的时候，可以说："祝你们幸福！"或说："祝你们生活美满！"

3. 嘱咐性的送别语

这种送别语多用于送别带儿童的客户。如果带儿童的客户要离开 4S 店了，汽车营销服务人员的送别语是："小朋友，把阿姨送的玩具拿好，要听爸爸妈妈的话啊！"这种嘱咐性的送别语，不仅能提醒儿童不要忘带东西，更重要的是在他们幼小的心灵深处打上了汽车营销服务人员优质服务和文明礼貌的烙印，有利于他们的成长，也使儿童的家长通过汽车营销服务人员对自己孩子的关心，树立起对产品和品牌的信心。

送别的语言艺术技巧很多，汽车营销服务人员针对不同情况加以运用，不仅是礼貌待客的表示，更重要的是给客户送去了交易后的愉快，为以后的服务奠定基础，从而为企业树立良好的社会形象。

本章小结

本章介绍了正式商务交往中的接待礼仪，详细说明了迎接礼仪、握手礼仪、拜访礼仪及欢送礼仪的规范要求。

迎接礼仪主要介绍接待人员礼仪的规范要求，包含室外迎接与室内迎接中接待客人的基本礼仪，打招呼应注意的问题及汽车服务人员迎接顾客的语言技巧。

握手礼仪主要介绍了握手的次序、握手的时机、握手的姿态、握手的方式、握手的禁忌、握手的技巧等内容。

拜访礼仪主要介绍了拜访的基本原则、拜访客户的技巧。

欢送礼仪主要介绍了送客基本礼仪、礼品馈赠礼仪、汽车营销服务人员送客的语言技巧等。

实训与练习

一、填空题

1. 迎接客人一般可分为_____迎接与_____迎接。

2. 握手时具体应注意如下几点：_____、_____、_____。

3. _____的相邀礼仪：不论因公还是因私而访，都要事前与被访者电话联系。

4. 人们常说："_____，_____。"可见送客礼节是多么重要。

5. 从商务礼仪的角度而言，赠送礼品需要注意 3 个方面：_____、_____、_____。

二、判断题

1. 与西方人打招呼时，不要用中国人见面时习惯说的"你上哪儿去呀？"或者"你去干吗？"等问语。（　　　）

2. 职位、身份高者与职位、身份低者握手，应由职位、身份低者首先伸出手来。（　　　）

3. 在对方没有接待其他拜访者的情况下，初次和客户见面时，我们不可用简短的话语直接将此次拜访的目的向对方说明。（　　　）

4. 赠送礼品的时间是指选择赠送礼品的恰当时机及具体时间。（　　　）

5. 当对方递上礼品时，可以双手捧接过来或只用一只手去接。（　　　）

三、选择题

1. 展厅销售比较常用的几种相迎方式：（　　　）。

　　A. 问好式　　　　B. 切入式　　　　C. 应答式　　　　D. 迂回式

2. 握手时应用力适度，上下稍许晃动（　　　）次，随后松开手来，恢复原状。

　　A. 一二　　　　　B. 二三　　　　　C. 三四　　　　　D. 四五

3. 要用食指敲门，力度适中，间隔有序敲（　　　）下，等待回音。

　　A. 二　　　　　　B. 三　　　　　　C. 四　　　　　　D. 五

4. 在宴会、宾馆或机场接待宾客，当客人抵达时，不论对方是男士还是女士，（　　　）都应该主动先伸出手。

　　A. 客人　　　　　B. 女主人　　　　C. 年幼者　　　　D. 下级

四、实训练习

针对下列情景，请学生以小组形式完成练习。要求：① 在演练过程中拍下视频资料，留存回放，并在学习结束后进行对比；② 每个情景演练，要自我评价、小组互评、老师点评，作为过程考核的成绩。

1. 一次大型的公务活动中，服务顾问小乐碰到了久未见面的高中同学小强，小强现在是某品牌公司的销售总监，小强高中时成绩突出，老师和同学都称他为"爱因斯坦"。小乐该如何同小强打招呼，如何称呼？请模拟表演。

2. 某 4S 店服务顾问小赵随同销售经理王经理等一行 5 人去参加车展，在车展会场入口碰到了兄弟企业一行 5 人，此前两兄弟企业有部分人相识，此时该如何握手？请模拟演练。

3. 作为汽车维修服务顾问，当客户的爱车保养完毕，客户即将离开 4S 店时，你应该如何送走客户？现在请进入情景。

第4章
位次礼仪

【学习目标】

- 能针对会见时的宾主双方情况，把握会客座次礼仪。

- 了解会场中与会者的礼仪规范，掌握不同类型的会议座次礼仪。

- 了解行进中位次排列，掌握公众场合最基本的礼仪规范。

- 掌握乘坐轿车时和出入电梯时的礼仪规范要求，并在日常生活中正确运用。

【案例导入】

有一天，广州本田成铭维修服务公司来了一位前来洽谈业务的客人，他是广州飞翔汽车配件有限公司的白副经理。会客室在二楼，成铭维修服务公司郝秘书在前面引路，将白副经理带到会客室。公司的王海总经理前来迎接，请白副经理在会客室就座。白副经理心情愉悦，双方就汽车配件供应问题进行了友好洽谈。

请思考：白副经理心情愉悦的原因是什么？

4.1 会客座次礼仪

会客，也叫会见、会晤或者会面，它所指的多是礼节性、一般性的人与人之间的相互交往。在日常生活、工作当中，人与人的交往，无不涉及会客礼仪。会客时，对于让座的问题应予以重视。

得体的座次能让客人温暖如春。具体而言，在会见客人时，让座于人有两点需要注意。一是必须遵守有关惯例；二是必须讲究主随客便。作为汽车行业从业人员，应该注意合理安排会客时的座次，使主客双方在交往中处于平等互利的地位。

总体上讲，会客时，应当恭请来宾于上座就座。会客时的座次排列，一般有如下5种主要方式。

1. 相对式

其具体做法是宾主双方面对面而坐。这种方式显得主次分明，往往易于使宾主双方公事公办，保持距离，多适用于公务性会客，通常又分为两种情况，如图4-1所示。

① 双方就座后，一方面对正门，另一方背对正门。此时讲究"面门为上"，即面对正门之座为上座，应请客人就座；背对正门之座为下座，宜由主人就座。

② 双方就座于室内两侧，并且面对面地就座。此时讲究进门后"以右为上"，即进门后右侧之座为上座，应请客人就座；左侧之座为下座，宜由主人就座。当宾主双方不止一人时，情况也是如此。

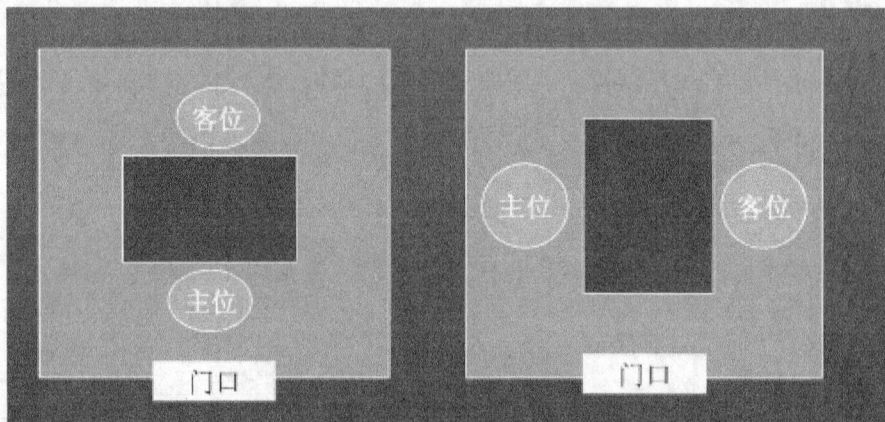

图 4-1　相对式座次排列

2. 并列式

其基本做法是宾主双方并排就座，以暗示双方"平起平坐"、地位相仿、关系密切。具体也分为两类情况，如图4-2所示。

① 双方一同面门而坐。此时讲究"以右为上"，即主人要请客人就座在自己的右侧。若双方不止一人，双方的其他人员可各自分别在主人或主宾的一侧，按身份高低依次就座。

② 双方一同在室内的右侧或左侧就座。此时讲究"以远为上"，即距门较远之座为上座，应让给客人；距门较近之座为下座，应留给主人。

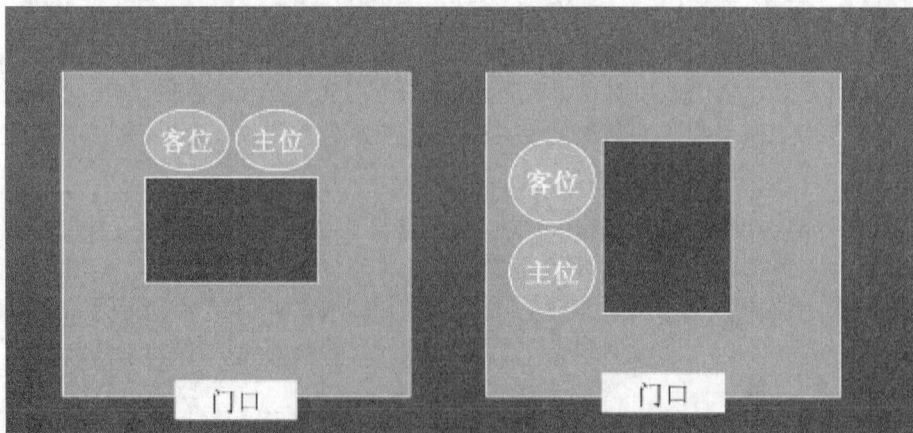

图 4-2　并列式座次排列

3. 居中式

居中式座次排列实为并列式座次排列的一种特例。它是指当多人并排就座时，讲究"居中为上"，即应以居于中央的位置为上座，请客人就座；以其两侧的位置为下座，由主方人员就座。

4. 主席式

主席式座次排列主要适用于正式场合，由主方同时会见两方或两方以上的客人时。此时，一般应由主人面对正门而坐，其他各方来宾则应在其对面背门而坐。这种安排犹如主人正在主持会议，故称之为主席式。有时，主人亦可坐在长桌或椭圆桌的一端，而请各方客人坐在他的两侧。

5. 自由式

自由式座次排列，即会见时有关各方均不分主次、不讲位次，而是一律自由择座。自由式座次排列通常用在客人较多，座次无法排列，或者大家都是亲朋好友，没有必要排列座次时。进行多方会面时，常常采用此法。

总之，会客时排座次，要遵循的原则就是：宾主对面而坐，以面门为上；宾主并列而坐，以右为上；当难以排列座次时，可自由择座。

4.2　宴会座次礼仪

宴请是商务活动中不可缺少的重要组成部分。商务人员通过宴请可以与商务对象增进了解和信任，从而促进商务活动良好发展。商务宴请有中式和西式之分，不管是哪一种形式，宴请的组织者和出席者的行为都必须合乎宴请礼仪。

4.2.1　宴会基本礼仪

一个正式宴会的成功，需要全力做好组织工作。准备宴会时要确定宴请名单、时间、地点和菜单，及时发出请柬。宴请者要安排宴会的进程，赴宴者要注意自己的言行举止。

1. 宴会的准备

（1）确定宴请名单

宴请的范围要根据宴会的主要目的确定，既不能遗漏，也不能随便拉客人凑数。尤其要避免把毫不相干的客人合在一起宴请，更不能把平时有芥蒂的客人同时宴请。接下来要确定宾客名单，首先是确定主宾，其次是陪宾。陪宾一定要请与主宾相识相熟或有共同语言的，陪宾身份不宜高于主宾，但应为有一定声望的人。如果宾客身份"一般高"，不易安排座位。出席人数应保持偶数。

（2）确定宴会时间

宴会时间原则上以大多数客人能来参加宴会为准则，尤其应根据主宾最合适的时间来确定。不要选择对方的重大节日、假日、有重要活动的日子，避开对方有忌讳的日子。宴请西方人不能在圣诞夜和"黑色星期五"；宴请日本人应避开"4"和"9"。

（3）确定宴会地点

宴会的地点应根据宴会的目的、宴会的客人来选定，并且要综合考虑宴会场所的环境、卫生情况、档次、菜肴、价格等。宴请朋友宜在家中或附近比较熟悉的饭店。宴请比较尊贵的客人，为了表示对客人的敬重，则宜选择高档饭店或是有名气、有特色的饭店。如果是宴请少数民族的客人或外国客人，要充分考虑他们的习惯。总之，我们必须根据实际情况，选定一个比较合适的地点作为宴会场所。

（4）发出宴会邀请

在确定了宴请名单、宴会时间和宴请地点后，接下来必须向客人发出邀请。如果是普通的宴请，可口头通知或电话通知。正式宴会的邀请则应使用请柬，有的还附有回帖。用电话邀请或请别人代为转告，是不合乎礼仪的。请柬一般应提前一周至两周发出。先给主宾发请柬，这样可以避免因主宾有特殊原因不能参加而不得不改变宴请时间甚至于取消的情况。主人以夫妇名义邀请，则主客、陪客之配偶均可列为邀请对象；邀请对象如为女性，则其夫婿应一并邀请；如受邀之夫妇各具重要身份，必要时可给夫妇二人分别发请柬。

在宴会前夕，电话确认受邀者是否收到请柬和是否能出席，如发现陪宾不能接受邀请，可以及早更换陪宾。

（5）定好宴会菜单

要根据宴会的目的、规格、时间、季节和宾客的身份来确定菜单，尤其要照顾主宾的饮食习惯。招待外宾可选择有中餐特色的菜肴。邀请国内宾客时，可选择具有本地风味的菜肴。还可以选择餐馆的招牌菜。

2. 宴会的接待

宴请者在宴会进行过程中更应该注意礼仪，热情好客，以保持宴会的热烈气氛，达到预期的目的。宴会接待程序大致可分为迎宾、入席、开席、致辞、席间交流、送客话别 6 个阶段，宴请礼仪贯穿于宴会接待的全过程。

（1）迎宾

宴会开始前，主人及接待人员提前到达宴会地点，在门口迎宾。客人抵达后，宾主相互握手问候，随即由接待人员将客人引进休息厅，或移接进入宴会厅，由专人接待。主宾到达，主人陪同，进入休息厅同已在座的客人见面后，再一起步入宴会厅。

（2）入席

一般是先引主宾，后迎一般宾客；先引女宾，后引男宾；如果宴会规模较大，先把一般客人引入宴会厅就座，再领主宾进入宴会厅。接待人员将椅子从桌子下拉出，扶好后请客人落座。主人给客人互做介绍，增进交往和交流。如发现客人坐错位置，如无大碍可不做调整。有必要调整时，应以礼相待。

（3）开席

主宾落座后可开席，如果主宾迟到，应尽快弄清楚原因，不要让多数客人等待。

上菜从女主宾开始，没有女主宾就从男主宾开始；从主宾左侧上菜，右侧上饮料；鸡头、鱼头等应对准主宾或主人。

每当上菜时，服务员一般都应主动报一下菜名。此时，主人应主动举筷邀请大家共同品尝。宴会行将开始，服务员为所有来宾斟酒。

（4）致辞

宴会开始，主人先致祝酒词，第一人选是男主人，男主人不在时为女主人。致辞时内容一定要简练，时间一定要短。接着是全体干杯，有时主宾可致答谢辞。接待人员和服务人员在主宾祝酒致辞时应停止一切活动，找一个适当位置站好，在干杯之后将酒斟满。

（5）席间交流

主持人或主人在席间要不时地提出一些宾主都感兴趣的话题，引导大家畅所欲言，使宴会始终处于热烈、亲切、友好的气氛之中。宾主频频举杯，互致敬意，气氛就会更热烈。席间不要谈论政治话题或一些询问别人年龄、收入等的敏感性话题。

（6）送客话别

宴会时间一般在 1～2h，不宜过长或过短。当宾客酒酣饭饱时，主人与主宾起立，大家随之，宴会便可进入结束阶段。客人离去时，主人送客至门口，握手话别。

3. 赴宴礼仪

商务人员常常需要出席一些宴会，认真学习赴宴礼仪，做一个商业竞争社会中符合规范的商务职业人员，对促进业务发展有着十分重要的意义。

（1）赴宴准备

① 回复邀请。被邀请者接到邀请后，无论是否参加，必须在最短的时间内及时礼貌地给予答复。拒绝邀请，要致歉并说明原因。接受邀请，回柬写明请客日期、时间及地点。如收到请柬后不能按时答复，须将理由以信件或电话的形式通知主人，同时约定在一定时间内答复，绝不可借故延迟回答。当夫妇被邀，仅有一个人能参加时，须先询问主人是否方便。

② 修饰仪表。出席宴会前，赴宴者要特别注意修饰自己的仪表，要穿上一套合体、干净的服装，参加宴会要精神饱满、容光焕发。若是参加正式宴会，应穿请柬上所规定的服装。

③ 准时赴宴。提前 3～5min 或准点到达，都是比较适宜的。过早或过晚都会给主人增添麻烦，都是非常失礼的。到达宴会场所时，要听从接待人员的安排，切忌提前到餐桌旁落座。

④ 问候主人。到达宴会地点后，应首先向在门口迎客的主人表示问候和感谢。宾客先向女主人打招呼，然后问候男主人，不宜在主人身旁停留太久，以免妨碍了主人与其他来宾打招呼。

（2）席间礼仪

① 入座

如有必要，宾客在入座前到洗手间整理一下自己的仪容。如果排定座位，落座前要注意桌上席位卡上是否写着自己的名字，不可随意乱坐。如果没有排定座位，自己又不是主宾，可自动地坐在远离主人的席位上。只有确认自己的桌次、座位无误，而主人或主宾已经入座的情况下，方可从椅子的左侧入座。同桌中有女主人、贵宾、长辈或老师时，应待其就座后再坐。男士应主动为年长者、身份高者或女士服务。

正确的坐姿应是将座椅移进餐桌，上身紧靠餐桌挺直而坐。尚未用餐时，双手应平放在双腿上。落座后，邻座如不相识，可先自我介绍，应热情、有礼貌地与同桌的人交谈。

在宴会中，若迟到了，应走到主人所排定的位置，向主人打招呼，然后坐下来，同时用点头方式和宾客们打招呼。如果是位女宾客迟到，在她右边的一个男宾应站起来，为她拉开椅子。

② 席间举止

a. 入席后在众目睽睽下补妆、梳理头发、宽衣解带、挽袖口和松领带等都是不文明的行为。

b. 进餐时闭嘴咀嚼，不要发出声音。口中有食物时，勿张嘴说话。尽量避免打喷嚏、长咳、打哈欠、擤鼻涕，万一不能抑制，可以侧身用手立即掩住；若处理需较长时间，未带手帕，则需要离座去洗手间。

c. 在主人与主宾祝酒时，应暂停进餐，停止交谈，注意倾听。

d. 对自己喜欢吃的食物，不要站起身到餐桌的另一头去夹或主动要求服务员和主人添加。

e. 当服务员或女主人递给自己不爱吃或不能吃的食物时，一般不要拒绝，可取少量放入盘内，并表示"谢谢""够了"。

f. 手上持刀叉或同席客人尚在咀嚼食物时，避免向其问话。别人问话时，正好自己的口中有食物，可等食物下咽后再回话。

g. 谈话时不要将食物放在叉子上或汤匙里，以免谈话时不小心摇晃出来。

h. 说话不要高声，也不要与相隔的客人谈话。

i. 一般不在宴会上吸烟。

③ 意外事件

a. 席间若失手将餐具掉落在地上，不要一直道歉，也不要自己低头去捡，请服务员补上相应的餐具即可。

b. 如果借用同桌客人面前的调味品，应请旁边客人帮忙传递，不可探手横过他人面前去取。传递前可先用餐巾揩一下手，递时宜用右手。

c. 吃到腐烂食物时，切莫吞入，宜将食物小心、迅速地放置在盘缘，不可呕吐任何东西在餐巾上。

d. 食物呛喉时，用餐巾掩着嘴咳嗽一下，把食物咳出。若需较长时间，可以表示歉意后离开座位。

e. 如果将果酱、蔬菜或其他食物泼溅在桌子上，要立即用叉、匙或刀收拾，如已造成小污块，应用餐巾蘸水轻擦。如不小心泼洒了水或酒，可悄悄叫服务员来处理，通常是用一块餐巾覆上。如酒水或菜汁溅到邻座身上，要一边道歉，一边协助其擦干净。遇邻座是女宾，可将干净的餐巾或手帕递给她自行擦净。如果邻座或服务员不慎将酒水、汤水洒在自己身上，弄脏了衣服，应当主动地微笑着向对方说声"没关系"，随后自己动手擦干。

（3）离席礼仪

宴会进行中，尽量避免中途离席，如果有特殊情况，应向主人说明理由，并表示歉意，不要大张旗鼓地与宾客一一握手道别，主人也不必离席远送。

宴会结束，在主人和主宾离席后，其他宾客才能离开。若是家宴，需停留 15min 左右，否则是不礼貌的。男宾先向男主人道别，女宾先向女主人道别，然后再交叉道别。道别时要向主人表示谢意。

知识链接

某公司的业务员王小姐和陈先生在某酒店招待客人。上菜时，由于服务员的疏忽，将汤汁溅在了王小姐和陈先生的身上。王小姐立即向服务员要了一块餐巾盖在弄脏的地方，处理完后，马上向身边的客人致歉，接着进餐，同时和身边的客人继续交谈。而陈先生非常生气，大声地斥责服务员，服务员连连道歉，但他仍然不依不饶，使得餐桌上的气氛变得有些紧张。

请思考：为什么餐桌上的气氛变得紧张了？

4.2.2 进餐座次礼仪

1. 中餐进餐座次礼仪

经过千百年的演进，中国已经形成了一套大家普遍接受的进餐礼仪。在我国的商务接待中，一般以中餐招待客户。

中餐的桌次和席位的排列，关系到来宾的身份和主人给予对方的礼遇，是中餐礼仪中非常重要的内容。

（1）桌次排列

在安排两桌宴请的桌次时，遵循"面门定位""以右为上""以远为上"的原则，如图 4-3 所示。

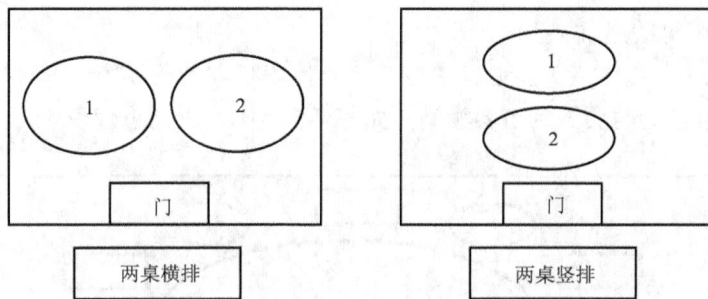

图 4-3　两桌排列

在安排多桌宴请的桌次时，除了要注意"面门定位""以右为上""以远为上"的原则外，还要注意"居中为上""临台为上""背景为上"等规则，并要兼顾其他各桌距离主桌的远近，如图 4-4 所示。通常，距离主桌越近，桌次越高；距离主桌越远、桌次越低。

为了确保在宴请时赴宴者及时、准确地找到自己所在桌次，可以在请柬上注明对方所在的桌次，在宴会厅入口悬挂宴会桌次排列示意图，安排引位员引导来宾按桌就座，或者在每张餐桌上摆放桌次牌（用阿拉伯数字书写）。

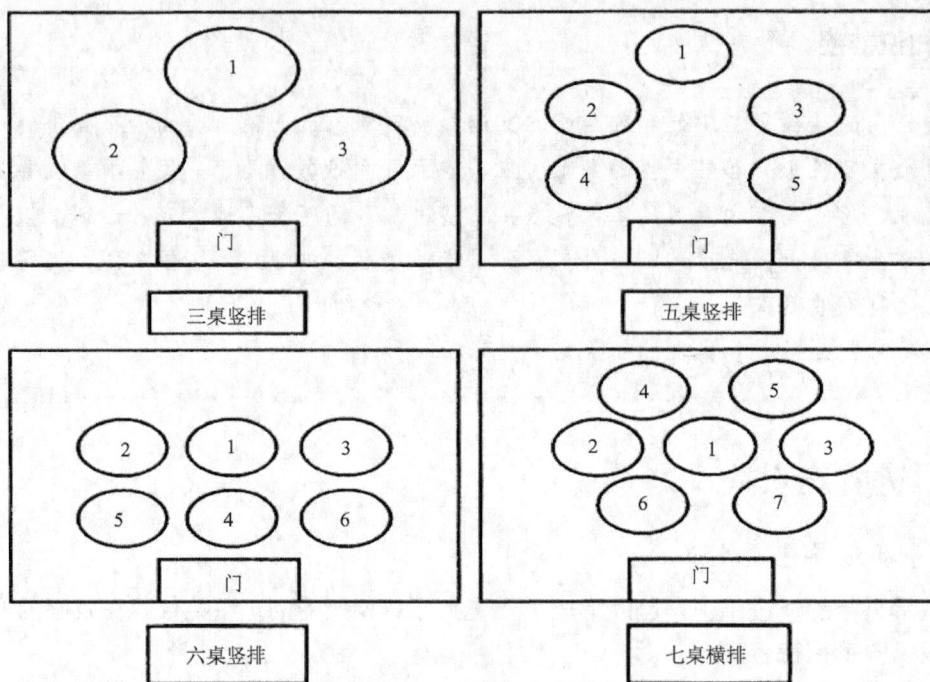

图 4-4　多桌排列

（2）席位排列

宴请时，每张餐桌上的具体位次也有主次、尊卑的区别。席位的排列遵循"面门为上""以近为上""以右为上"的原则。

① 单主人宴请时的座次排列

在本排序方法中，以主人为主心，主方其余人员和客方人员各按"以右为贵"原则依次按"之"字形飞线排列，同时要做到主客相间，如图 4-5 所示，长方形代表主方，圆形代表客方。

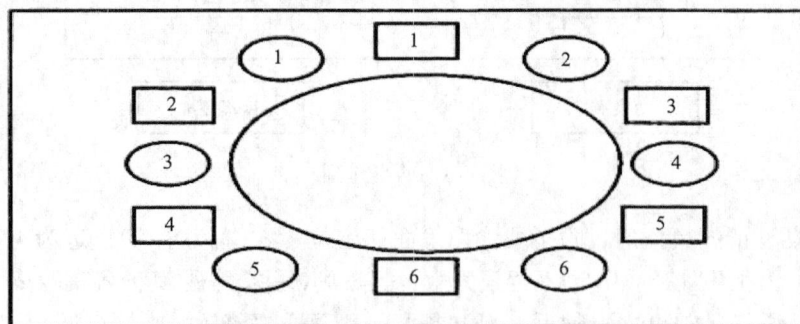

图 4-5　单主人宴请时的座次排列

② 男女主人共同宴请时的座次排列

男女主人共同宴请时的座次排列是一种"主副相对""以右为贵"的排列。男主人坐上席，女主人位于男主人的对面。宾客通常随男女主人，按"右高左低"顺序依次对角线排列，同时要做到主客相间，如图 4-6 所示。第一个安排贵宾的女伴入座，位置安排在男主人的右手边；贵宾则安排在女主人的右手边。

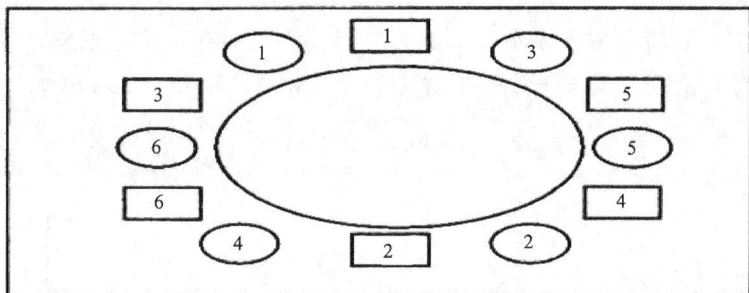

图 4-6　男女主人共同宴请时的座次排列

③同性别双主人宴请时的座次排列

第一、第二主人为同性别人士，在正式场合下宴请时用的座次排序方法，通常按"主副相对""以右为贵"的原则依次按顺时针排列，同时要做到主客相间，如图 4-7 所示。

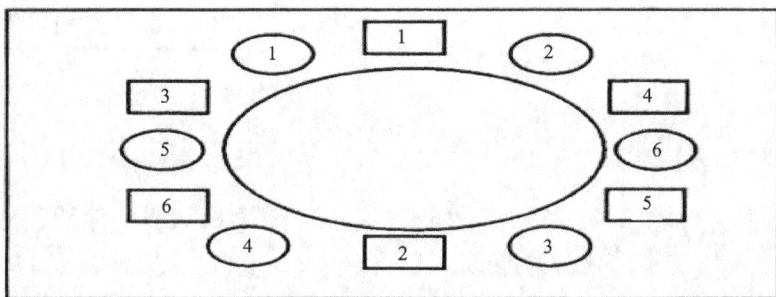

图 4-7　同性别双主人宴请时的座次排列

2. 西餐进餐座次礼仪

根据商务礼仪的规范，要吃好西餐，并且不失风度，就必须对西餐的菜序、西餐的座次、西餐的餐具、西餐的品尝、西餐的礼仪等方面有一定程度的了解。西餐桌次和席位排列在国际商务活动中经常遇到，它对促进国际商务活动的顺利进行有着重要的意义。

（1）桌次排列

西式宴请多采用长条餐桌，遵循"面门定位""以右为上""以远为上"的原则，如图 4-8 所示。在安排桌次时，所用餐桌的大小、形状应大体相仿。除主桌可略大之外，其他餐桌不宜过大或过小。

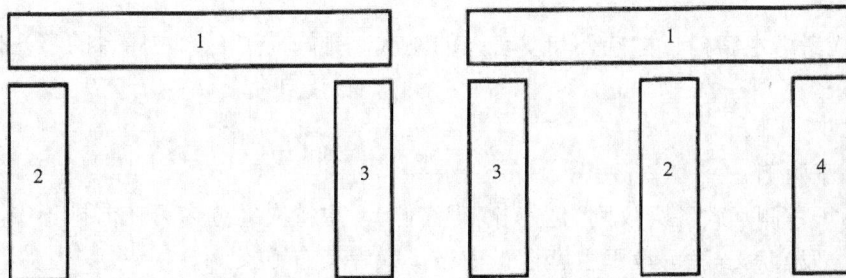

图 4-8　桌次排列

（2）座次排列

西餐席位主位一般请女主人就座，以右为尊，男主宾坐在女主人右侧，女主宾坐在男主人右侧，其他人员的席位一般按职务或年龄排列，男女交叉排列，生人和熟人也宜交叉排列，如图4-9所示。

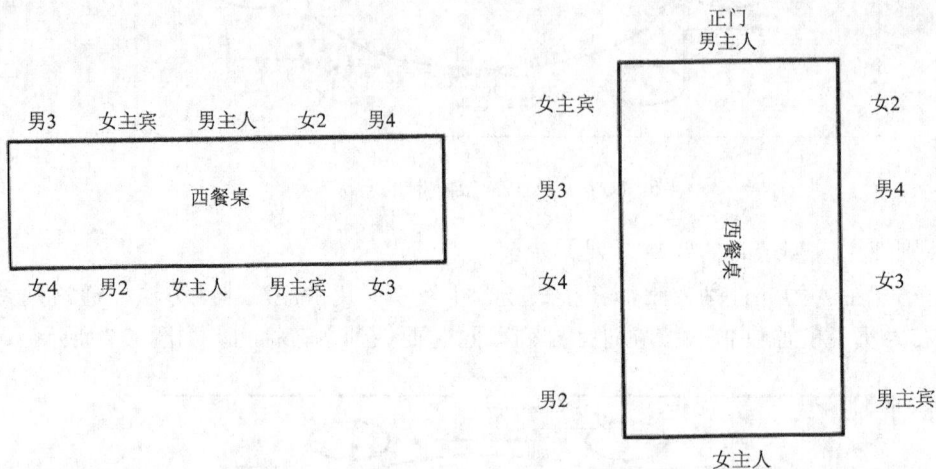

图4-9　座次排列

4.3　会议座次礼仪

随着经济的发展，举行各种各样的会议是经常性的工作。参加任何会议都应遵守会议规范，成功、顺利、合适的会议，是所有与会者共同合作的结果。

商务交往中，会议的种类分为例行的工作会议、专题性会议、联席性会议、布置工作和总结性会议及各种座谈会，如报告会、讨论会、恳谈会等。而在不同类型会议中，除了进行常规性的会议程序之外，与会人员更要注重会场礼貌礼节。汽车服务人员应该注意会议的座次安排和会场礼节，使之符合礼仪规范的要求。

4.3.1　不同会议的座次

商务交往时的会议按规模划分，有大型会议和小型会议，座次排列规则如下。

1. 大型会议

大型会议应考虑主席台、主持人和发言人的座次，排好前中右。主席台的座次排列要遵循以下3点要求。

① 前排高于后排。

② 中央高于两侧。

③ 右侧高于左侧（政务会议则为左侧高于右侧）。主持人之位，可在前排正中，也可居于前排最右侧。发言席一般可设于主席台正前方，或者其右方。

2. 小型会议

举行小型会议时，要选准主席位，座次排列需要注意以下两点。

① 讲究面门为上，面对房间正门的位置一般被视为上座。

② 小型会议通常只考虑主席之位，同时也强调自由择座。例如主席也可以坐在右侧或者面门而坐，也可以坐在前排中央的位置，强调居中为上。

上位是左还是右，国际惯例是以右为尊，商务礼仪遵守的是国际惯例，一般以右为上，坐在右侧的人为地位高者。而在国内的政务交往中，往往采用中国的传统做法，以左为尊。

4.3.2 参加会议礼仪

参加会议的人员，有一般与会者、其他会议参加人，要注意会场中的一些礼仪规范。

1. 一般与会者礼仪

参加会议的参会人员在开会过程中，也应注意一些礼貌、礼节。

（1）开会之前

参会人员在会议召开前，应注意以下几点。

① 守时。参会人员在参加会议时，一般应在规定的会议时间之前提早 5～6min 进入会场，不要迟到，迟到可以视为是对本次会议不重视或是对会议主持人以及其他与会者的小视与不尊重。确有其他原因迟到的，要向主持人及与会者点头致歉。

② 仪表。参会人员衣着应以正式上班服装为主，衣着不可过于随便。如果是户外会议，应事先询问主办单位是否可着休闲服。

③ 举止。参会人员在参加会议时，坐姿应端正，不可东倒西歪或趴在桌子上。不要搔首、掏耳、挖鼻、剔牙、剪指甲，甚至脱鞋抠脚。室内若无烟灰缸，表示不能抽烟。

④ 若在会议开始前，发言人仍未介绍与会人士，可主动伸手和邻座的人握手并且进行自我介绍。

（2）会议进行时

会议进行期间，参会人员也应注意不少礼节。

① 会议进行期间，参会人员应认真倾听报告或他人发言，做好记录，这对深入体会和准确传达会议精神有很大帮助。若携带手机等电子设备进入会场，在会议开始时应予以关闭或调至振动（或静音）挡。开会时，切忌出现不文明行为，如闲聊、看书报、摆弄小玩意儿、抽烟、吃零食、打瞌睡以及随意进出会场。

② 会议进行期间，参会人员要发言时，应先举手，这是发言的礼貌。发言时应对事不对人，勿损及他人的人格及名誉。会上发言时，应口齿清楚，态度平和，手势得体，不可手舞足蹈，忘乎所以或口出不逊。

③ 在大型会议上发言，准备要充分，态度要谦虚，发言开始时要向听众欠身致意。发言内容要求中心突出、材料翔实、感情真实、语言生动。力戒自我宣传，自我推销，更不能有对听众不尊重的语言动作和表情。发言要严格遵守会议组织者规定的时间。发言结束，要向听众致谢并欠身施礼。如参加小型的座谈会、研讨会，发言要简练，观点要明确。讨论问题，态度要友好，不要随便打断别人的发言。对不同意见，应求同存异，以理服人。不要嘲讽挖苦，人身攻击。

④ 别人发言时不要打断。如有问题可举手，经过会议主持人认可后再发言。

⑤ 不可否认，开会有时很困，但在大众面前打哈欠、频频看表、身体动来动去、把玩手上的笔或闭上眼睛等都是很不礼貌的行为，应当避免。

（3）会议结束后，参会人员要按顺序离开会场，不要拥挤和横冲直撞。

2. 其他会议参加人礼仪

其他会议参加人主要是相对于一般与会者而言的，包括主席台就座者、会议发言人、会议来宾等。他们除了应遵循一般与会者所应遵循的礼仪之外，还应遵循一些独特的礼仪。

（1）主席台就座者礼仪

主席台上的就座者，应遵循相应的礼仪规范。进入主席台时，应该井然有序，若此时参加会议者鼓掌致意，主席台就座者也应该微笑着鼓掌作答。有些会议，座位上或主席台的长桌上已标明就座者姓名，就应按照会议工作人员的引导准确入座。会议进行中，主席台就座者应该认真倾听发言人发言，一般不要再与其他就座者交头接耳，更不能擅自离席，确有重要和紧急的事情需提前离开会场，应同主持人打招呼，最好征得其同意后再离席。

（2）会议发言人礼仪

对会议发言人或报告人来说，其应遵守的礼仪主要表现在遵守秩序上。若话筒距离自己的座位较远，则应以不快不慢的步子走向话筒。不要刚一落座就急着发言。在发言之前，可面带微笑，环顾一下会场四周。如会场里响起掌声，可以适时鼓掌答礼，等掌声静落后，再开始发言。发言时应掌握好语速和音量，以使会场中所有的人都能听清为宜。发言或报告一般应使用普通话，不能大量运用方言。发言或报告中还应注意观察与会者的反应，以便根据具体情况对内容做相应的调整。比如，会场里交头接耳不断，就要考虑适当转移话题，或将发言、报告内容适当压缩，使时间尽量缩短。发言或报告结束时，应向会议全体参加人员表示感谢。

（3）会议来宾礼仪

对会议邀请的来宾来说，应遵守"客随主便"的习俗，听从会议组织者的安排，做到举止端庄、行为有度。如果在会议开始前或进行中遇到熟人，不能把注意力只分配在一两个人身上，要照顾到来宾中的每个人，不能因为自己是来宾就不遵守会场纪律，也不能有"高人一等"的表现。

3. 与会者的 12 个注意事项

① 准时或早到会场均可，但千万不要迟到。任何人都不宜存有晚到是"重要人物"的虚荣心理，这样会影响议程的进行。

若你是新人（会议新手），提早进入会场是有好处的，因为你可以向早到的与会者做自我介绍，联络感情；也可以多请教前辈，更深入会议内容，以提早进入状态。新人必须以友善且正式的方式将自己介绍给对方，如告诉对方你是外地来的，你的姓名、代表公司或单位、负责部门等并出示名片。

② 会议若因某人迟到而延后，不要一个人坐在位子上干等或显得不耐烦。可适时与周围的与会人士交谈，聊些与主题相关的事或时下流行的话题。

③ 到会场时态度应从容，不要慌慌张张、一副对会议主旨摸不着头绪的样子。参加任何会议都应提前深入了解开会的目的、内容，这样在开会时才能顺利进入状态。

④　开会时若须发言，到会场时应将报告的内容及资料再整理、过目一下，并且要求管理人员再测试一下视听设备，以便会议进行时的报告发言能顺利无阻。

⑤　如果要在会议中使用录音机录音，应在会议开始前征求主持人同意，不宜擅自录音。若须录像，在会议开始前就应架设好设备，以免到时手忙脚乱。

⑥　除了指定的会议记录人员之外，与会者也宜记下讨论及评论要点，以吸收意见。绝不要因无聊而打盹，随手在纸上任意涂写或玩弄纸笔，这些行为会给人留下不良印象。

⑦　不可随意打断他人的发言，应等对方报告告一段落或结束时再提出问题，对于对方的论点有听不清楚或不明了的地方，可要求对方再做说明。但无论什么发言，都应尊重议事规范，先举手等点名之后再说。

⑧　在会场上要轻松流利地抒发自己的观点，尽可能避免紧张或词不达意。对于他人的见解如果不能认同，也应控制自己的情绪。暴躁式的否定是粗俗无礼的，你可轻轻摇头或在对方说完话之后，做一番平静的评论，以表示不认同。与会者发表意见时，要注意用字的准确度，"我"是代表个人，而"我们"则是代表公司、团体或某些人。

⑨　如果觉得自己表达能力不是很好或者容易紧张、害羞，可在事前将发言内容和意见写在纸上，请主持人或其他人代为发言，以免因发言杂乱无章或口齿不清而浪费大家的时间。

⑩　要清楚了解会议室内是否允许吸烟，并尽量不抽雪茄。

⑪　会场若供应饮料，宜用杯子喝，不可拿着罐子猛喝，而有不雅的仪态。

⑫　散会后要祝贺主持人会议举办成功，并称赞与会者在会议中的表现及发言，以表示对会议的重视及肯定。

4.4　行进中的位次礼仪

行进中的位次排列指的是人们在步行的时候的位次排列，在陪同、接待来宾或上级领导时，行进中的位次礼仪不可忽视。在以引导为主的接待活动中，接待人员要特别注意行进的礼仪。

行进中的位次排列主要包括平面行进、上下楼梯、出入电梯、出入房间等内容，它们都是汽车行业从业岗位中涉及的礼仪问题，是汽车服务人员与客户进行良好沟通的前提条件。

1.　适应场合，以客人为中心

在引导客人行进的过程中，有时要走开阔的地方，有时要走楼梯、乘电梯，有时要出入大门或房间。在不同的环境和场合下，引导者的位次不同，一定要留心。整个行进过程中，引导者始终要以客人为中心，尽最大可能为客人提供方便和舒适。

在地势开阔的场所，如果引导者与客人并排行走，要让客人走在右侧；如果引导者与客人前后行走，引导者要走在客人前方的左侧，距离客人 1m 左右即可；但如果客人对所到之处比较熟悉，比如说某一位名人故地重游，这种情况下，引导者应让客人走在前方，以便他选择自己喜欢的方向。请客人前行时，要面向客人，稍稍欠身；与客人交谈时，要面向对方。如果接待人员有两人或两人以上，应该让客人走在中间。接待人员相互之间，以及与客人之间，要保持 1m 左右的距离。

引导客人时，行进速度应与客人保持一致。上下楼梯或自动扶梯时，要在右侧行进，避免并行，以免妨碍他人。上楼时，请客人走在前面，当引导者为穿短裙的女性时，更要如此。反之，如果客人是女性且身穿短裙，引导者为男性，应该让客人走在后面。下楼时，引导者要走在客人前面。走楼梯时，引导者不要中途停下与熟人交谈或休息。转弯时、光线较暗时、楼梯狭窄或陡峭时，要及时提醒客人并适当给予扶助。行进过程中遇到人多拥挤的情况，要注意礼让。

进出房门时，引导者要先进后出。如果是引导客人访问他人，引导者要先行叩门或按门铃，即使房门虚掩，也不要贸然推开。如果是安排客人的住处，出入房间时要始终面向客人，反手开门或关门。此外，出入房门时，引导者要主动为客人拉门。在屋内拉门时，要站在门后，在屋外拉门时，要站在门边，门把手在左侧，用右手拉门，门把手在右侧，用左手拉门，这样看起来比较优美，而且能很好地表示尊重。

2. 使用正确的引导姿势

走在前面为客人引领方向时，要使用引导步。行进过程中，要始终让身体稍微侧转，面向客人。请客人前行，表示"这边走"的意思时，我们要将右手四指并拢，拇指内收，掌心向上，让手自然地从腰部抬起，目光要随着手的引导投向前方，同时告诉客人"请走这里"。开始行进时，一定要及时把手放下，以免碰到客人或其他人。

知识链接

顾客张女士与朋友来到位于长春硅谷大街的广本成邦 4S 专卖店，准备选购一辆新车，销售顾问李明很热情地迎接了她们。由于李明新入职不久，急于完成销售业绩，一看张女士两人，不禁心中暗喜。在引领客人进入展厅的时候，李明与张女士并肩而行，他一边走一边介绍车型，而且他的手总是无意触碰张女士的胳膊，引起了张女士的不快。

请思考：销售顾问在引领客人进入展厅时应该注意哪些礼仪？

行进过程中，为客人介绍本单位情况时，可适当使用手势，以加强语言效果，但手势不能太生硬或太琐碎，一定不要用食指去指客人。例如，介绍车辆，引导者可用掌心向上的姿态，将"请"的动作稍微变换，即可达到礼貌而姿态优美的目的。

在前行中要拐弯时，注意脚步。即将变换方向时，要放慢脚步，在转弯处站定，以一脚的脚掌为轴转身面向客人。姿势要优雅大方，不紧不慢。

与客人告别时，我们要先退后两三步的距离，后退时步子应该小一点儿，用脚轻擦地面；转身离去时，动作要和缓自然，先转身，再转头。依依惜别的姿态一定会让客人感到如沐春风。

总之，行进中的位次排列分为以下 3 种情况。

（1）平面行进

两人横向行进，内侧高于外侧。

多人并排行进，中央高于两侧。

对于纵向来讲，前方高于后方。

（2）上下楼梯

① 纵向：上下楼梯时宜单行行进，以前方为上。应把选择前进方向的权利让给客人。

② 男女同行时，一般女士优先走在前方。但如遇到着裙装（特别是短裙）的女士，上下楼时宜让女士居后。

③ 横向：陪同人员应该把内侧（靠墙一侧）让给客人，把方便留给客人。

（3）出入房间

① 出入房门时，一般客人或位高者先出入，表示对宾客的尊重。

② 如有特殊情况，如双方均为首次到一个陌生房间，陪同人员宜先入房门。

4.5　乘坐交通工具礼仪

在现代生活中，人们往往需要乘坐各种交通工具出行以求方便。交通工具有很多种类型，如汽车、飞机、轮船等。作为汽车服务人员主要涉及哪些交通工具，要注意哪方面的礼仪呢？

例如，汽车制造厂家每年都会举办各种各样的活动，其中的试乘试驾活动是让客户体味"车的味道"的最好的方法。同时，汽车服务人员在与客户接触、处理公务过程中，也会涉及乘坐电梯等交通工具。所以，汽车服务人员应注意该方面的相关礼仪。

人们可以乘坐的交通工具有多种类型，下面主要介绍一下有关乘坐轿车、电梯等交通工具的礼仪规范，以供参考。

4.5.1　乘坐轿车的礼仪

轿车特指区别于货车、皮卡、SUV、大巴、中巴的小型汽车，有四门或两门、封闭式车身、固定顶盖、一个车厢的汽车，一般包括司机在内可乘坐 4～9 人。

乘坐轿车时，需要注意的礼仪问题主要涉及座次、举止、上下车顺序 3 个方面。

1．座次

在比较正规的场合，乘坐轿车时一定要分清座次的尊卑，以找到符合自己身份的座位。而在非正式场合，则不必过分拘礼。轿车上座次的尊卑，从礼仪上来讲，主要有下面几种情况。

（1）商务面包车

上座位为车辆中前部靠近车门的位置。此类汽车上座位置的确定，一般考虑乘客的乘坐舒适性和上下车的便利性。

（2）越野车

前排副驾驶位置为上座位置。越野车功率大，底盘高，安全性也较高，但通常后排比较颠簸，而前排副驾驶的视野和舒适性最佳，因此为上座位置。

（3）双排座轿车

情况一：主人亲自驾车。

如图 4-10 所示，主人或熟识的朋友亲自驾驶汽车时，这种情况下，副驾驶位置为上座位置。你坐到后面位置等于向主人宣布你在搭出租车，非常不礼貌。如果有两位客人，则与主人较熟悉、关系较密切的一位坐在前排副驾驶位置。

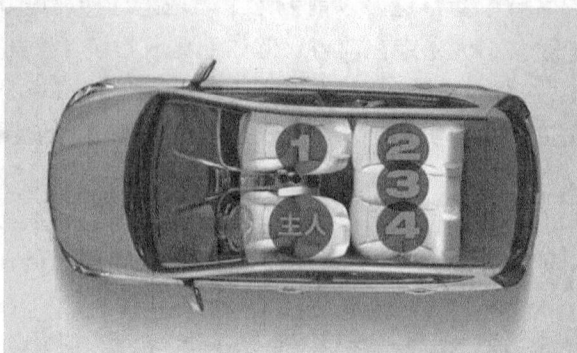

图 4-10 主人亲自驾车

知识链接

有一次，丘吉尔准备去参加一个重要会议，司机早早去接他。偏偏那天丘吉尔心情特别好，想过把开车瘾，就和司机换了位置，自己开着车去会场。他们快到会场时，一个工作人员神情慌张地跑到大会负责人那里，着急地说："坏了坏了，不知道来了什么大人物！"负责人很奇怪："为什么呢？""丘吉尔为他开车呢！"

礼仪提示：由主人亲自驾驶轿车时，一般前排座为上，后排座为下；以右为尊，以左为卑。

情况二：专业司机驾车。

专业司机驾车，一般为商务或公务接待场合。这时，主要考虑乘车者的安全性和下车时的方便性，第二排司机斜对角位置为上座位置，而前排副驾驶位置一般为陪同人员座位，如图 4-11 所示。

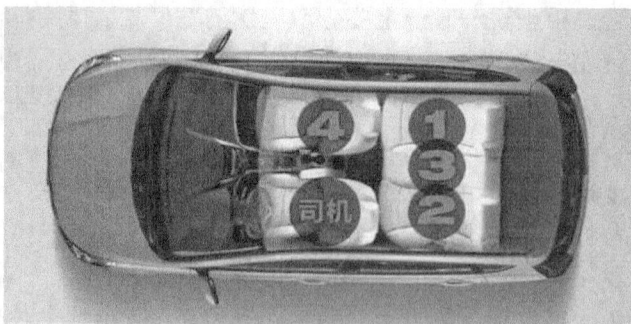

图 4-11 专业司机驾车

情况三：职业司机驾车。

职业司机驾车，一般为接送高级官员、将领、明星、知名公众等接待场合。这种场合下，主要考虑乘坐者的安全性和隐私性，司机右后方位置为上座位置，通常也被称为 VIP 位置，如图 4-12 所示。

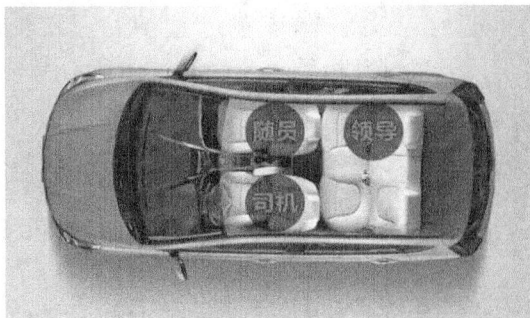

图 4-12　职业司机驾车

多排轿车，以前排为上，以后排为下，以右为尊，以左为卑。

2. 举止

与其他人一同乘坐轿车时，即应将轿车视为一处公共场所。在这个移动的公共场所里，同样有必要对个人的行为举止多加约束。具体来说，应当注意以下问题。

① 不要争抢座位，上下轿车时，要井然有序，相互礼让。

② 动作要得体。入座时，要大方、端庄、稳重地走到车门前，转身背对车门，先轻轻坐下，再将头和身体移入车内，然后再将双脚收入车内。女士应注意双脚并拢一起收入车内，最后调整坐姿、整理衣裙。切忌车门打开后，先将脚和头伸进车内，然后再将身体挪入车内，这是很不雅观的动作。下车时，待车门打开后，转身面对车门，同时将双脚慢慢移出在车外，女士仍然要注意双脚并拢，待双脚落地踩稳后，再慢慢将身体移出车外。坐好之后应注意举止，切勿与异性卿卿我我，或是东倒西歪。

③ 要讲卫生。如果是雨雪天气，上车之前，要把雨具收好并用袋子装好，把身上的雨雪拍打干净，不要将车子里面弄得湿乎乎的；鞋子上如果有泥，要尽量擦洗干净再上车。不要在车上吸烟、吃零食、喝饮料，更不要随手乱扔东西。不要携带有异味的东西上车。

④ 不要往车外丢东西、吐痰，也不要在车上脱鞋、脱袜、换衣服。

⑤ 要注意安全。上车后，如果坐在副驾驶座，应该主动系好安全带。不要与驾车者交谈或做其他影响驾车者注意力的事情，以防其走神。当自己上下车、开关门时，要先看车前车后有没有过往行人或车辆。如果旁边停有车辆，也要观察一下是否有足够的距离让你开启车门。切勿疏忽大意，造成意外事故。

3. 上下车顺序

上下轿车的顺序也有礼可循。其基本要求是：倘若条件允许，应请尊长、女士、来宾先上车，后下车。具体而言，还有一些细节也应注意。

① 如果是主人驾驶轿车，如有可能，主人应后上车先下车，以便照顾客人上下车。

② 乘坐由专职司机驾驶的轿车时，坐于前排者，大都应后上车，先下车，以便照顾坐于后排者。

③ 乘坐由专职司机驾驶的轿车，并与其他人同坐于后一排时，应请尊长、女士、来宾从右侧车门先上车，自己再从车后绕到左侧车门后上车。下车时，则应自己先从左侧下车，再从车后绕过来帮助对方。

④ 为了上下车方便，坐在折叠座位上的人，应当最后上车，最先下车。

⑤ 乘坐多排座轿车时，通常应以距离车门的远近为序。上车时，距车门最远者先上，其他人随后由远而近依序上车。下车时则相反。

知识链接：女性上下车姿势

（1）上车姿势

上车时仪态要优雅，姿势应该为"背入式"，即将身体背向车厢入座，坐定后即将双脚同时缩进车内（如穿长裙，应在关上车门前将裙子弄好）。

（a）开门后手自然下垂，可半蹲整理裙摆顺势坐下　　（b）依靠手臂做支点，腿脚并拢提高

（c）继续保持腿与膝盖的并拢姿势，脚平移至车内　（d）略调整身体位置，坐端正后，关上车门

（2）下车姿势

应将身体尽量移近车门，立定，然后将身体重心移至另一只脚，再将整个身体移离车外，最后踏出另一只脚。如穿短裙则应将两只脚同时踏出车外，再将身体移出，双脚不可一先一后。起身后等直立身体以后转身关车门，关门时不要东张西望，而是面向车门。

4.5.2　乘坐电梯的礼仪

出入电梯的顺序，主要有以下几种情况。

1.　平面式电梯

电梯规则：单行右站。

2.　无人操作升降电梯

陪同人员先进后出，以便控制电梯，同时可以更方便地帮客人按楼层。先进去可以将按钮摁住，方便客人进去，降低被夹风险。

3.　有人操作升降电梯

陪同人员后进后出，但也不绝对。比如电梯里人太多，你最后进来已经堵在门口了，如果你还硬要最后出去，那别人就没法出去了。

总之，作为服务人员，进出电梯还应当注意：服务人员不陪同客人时应使用专用的电梯。乘电梯时，里面的人出来之后，外面的人方可进去。要尊重周围的乘客。进出电梯时，大都要侧身而行，免得碰撞、踩踏别人。进入电梯后，应尽量站在里边。

知识链接

五一黄金周即将到来，一汽大众要举办一次试乘试驾活动。客户王先生与朋友应邀来到长春硅谷大街的广本成邦 4S 专卖店参与活动，销售顾问张浩很热情地迎接了他们。在办理了试驾手续后，张浩引导客户来到试驾车旁，待客人上车后，张浩将副驾驶车门打开后，先将脚和头伸进车内，然后再将身体挪入车内。这个不雅观的动作，让从事营销工作的王先生看了不太舒服。

请思考：作为销售顾问，在乘坐车辆等交通工具时，应该注意哪些礼仪呢？

4.5.3　乘坐公共交通工具的基本礼仪

现代人出行越来越离不开交通工具，在乘坐公共交通工具时，懂得基本的日常交际礼仪，既能体现良好的礼仪修养，又能让出行变得更加愉快和顺利。因此，人们应该懂得乘坐不同交通工具的基本礼仪。公共汽车、地铁的乘坐礼仪包括以下 3 个方面。

① 自觉排队。在等候公共汽车和地铁的时候，应自觉遵守先来后到、排队候车、排队上车的秩序，不要拥入街道之上，妨碍交通。在公共汽车或地铁进站后，要等车停稳之后遵从"先下后上"的原则，按照排队顺序依次上车，不要乱作一团，也不要随意加塞。

② 自觉礼让。在上车后，对行动不便的老人、孕妇、病人、残疾人以及孩子，应该主动礼让，将自己的座位让给需要帮助的乘客。

③ 与他人保持适当的距离。在公共汽车和地铁上，如果不是特别拥挤，应自觉地与其他乘客保持一定的距离，以免在挪动身体的时候撞到或者踩到他人。

本章小结

本章通过对正式的商务交往中的位次礼仪的介绍，详细说明了会客座次礼仪、宴会座次礼仪、会议座次礼仪、行进中的位次礼仪及乘坐交通工具礼仪的规范要求。

会客时的座次排列，大致有 5 种主要方式：相对式、并列式、居中式、主席式和自由式。

宴会座次礼仪主要介绍了宴会基本礼仪、进餐座次礼仪。

会议座次礼仪主要介绍了不同会议的座次和参加会议礼仪。

行进中的位次礼仪分平面行进、上下楼梯和出入房间时 3 种情况。

乘坐交通工具礼仪主要介绍了乘坐轿车的礼仪、乘坐电梯的礼仪以及乘坐公共交通工具的基本礼仪。

实训与练习

一、填空题

1. 会客时的座次排列，_____具体做法是宾主双方面对面而坐。

2. 在确定了宴请名单、宴会时间和宴请地点后，接下来必须向客人_____。

3. _____，指的是人们在步行的时候的位次排列。

4. 陪同人员应该把_____让给客人，把方便留给客人。

5. 乘坐电梯的礼仪中，_____，陪同人员先进后出。

二、判断题

1. 在会见客人时，让座于人有两点需要注意。一是必须遵守有关惯例；二是必须讲究主随客便。（　　　）

2. 准备宴会时要确定宴请名单、时间、地点和菜单，及时发出请柬。（　　　）

3. 小型会议应考虑主席台、主持人和发言人的位次，排好前中右。（　　　）

4. 在地势开阔的场所，如果引导者与客人并排行走，要让客人走在左侧。（　　　）

5. 专业司机驾车，第二排司机斜对角位置为上座位置，而前排副驾驶位置一般为陪同人员座位。（　　　）

三、选择题

1. 在会见客人时，（　　　）主要适用于正式场合，由主方同时会见两方或两方以上的客人。

　　A．相对式　　　　　B．并列式　　　　　C．居中式　　　　　D．主席式

2. 男女主人共同宴请时的座次排列是一种"主副相对""（　　　）"的排列。

　　A．面门为上　　B．以近为上　　C．以右为贵　　D．以远为上

3. 大型会议主席台的位次排列要遵循（　　　）要求。

　　A．前排高于后排　　B．中央高于两侧　　C．右侧高于左侧　　D．左右侧同高

4. 与客人告别时，我们要先退后（　　　）的距离，后退时步子应该小一点儿，用脚轻擦地面；转身离去时，动作要和缓自然，先转身，再转头。

A．一两步　　　　B．两三步　　　　C．三步　　　　D.三四步

5.（　　）的座次是，以前排为上，以后排为下，以右为尊，以左为卑。

A．商务面包车　　B．越野吉普车　　C．双排座轿车　　D．多排轿车

四、实训练习

针对下列情景，请学生以小组形式完成练习。要求：① 在演练过程中拍下视频资料，留存回放，并在学习结束后进行对比；② 每个情景演练，要自我评价、小组互评、老师点评，作为过程考核的成绩。

1．作为汽车服务人员，前去火车站送大客户，要乘坐车站电梯，应该注意哪些礼仪？现在请进入情景。

2．你是某品牌汽车 4S 店销售助理，在展厅接待前来买车的客户，进行产品介绍。请模拟行进中的礼仪。

【学习目标】

- 掌握介绍内容和介绍顺序，把握介绍时机。

- 能根据不同交际场合、情景和对象，在交往中恰当地称呼他人。

- 能针对不同场合和情景，灵活把握使用名片的时机。

【案例导入】

有一个大学生在某 4S 店实习期间，向客户推销车辆养护用品，他只要见到客户就介绍，他是××，××学校毕业，他的特长爱好是××××，他为什么向客户推销，说了很长一串，东西没有卖出去，还遭人白眼。他非常纳闷，不知道什么地方做得不妥。

讨论：请评价一下材料中涉及的社交礼仪行为。

5.1　介绍礼仪

介绍是一切社交活动的开始，是人际交往中互不认识的人之间解除陌生感，缩短人与人之间的距离，建立必要的了解、信任和联系的一种最基本、最常见的方式。初次见面给他人形成的印象最为深刻，往往对今后的人际交往起着决定性的作用。因此，在与客户见面时，每一个汽车服务人员都要充分地注意自己的见面礼仪，以及个人的教养和品位，恰当地表现自己。

介绍，就是向外人说明情况。从礼仪的角度来讲，介绍可分为自我介绍、为他人介绍和集体介绍。

5.1.1　自我介绍

自我介绍，就是在商务交际场合，把自己介绍给他人，以使他人认识自己。

1. 自我介绍的时机

应该在适当的时机及时进行自我介绍，比如，在社交场合中，与一个不相识的人单独相处时、进行业务推广时以及有不相识的人对自己感兴趣时，应当进行适当的自我介绍。在公共聚会上，打算和周围的陌生人相识，或见到一个很久未见的同学却担心对方记不清自己，以及求一个不了解自己的人办事的时候，应当进行适当的自我介绍，避免在以后的沟通过程中出现尴尬的情形。以下 6 种情况适合做自我介绍。

① 没有其他介绍人在场的时候。

② 没有其他闲杂人员在场的时候。

③ 对方并未忙碌，而且看起来有一个较为轻松的心情的时候。

④ 周围的环境比较安静、氛围比较舒适的时候。

⑤ 比较正式的社交场合。

⑥ 对方与别人谈话出现停顿的时候。

2. 自我介绍的要点

在进行自我介绍时，应注意 3 点：一是先递名片；二是时间要简短，一般以一分钟或半分钟为宜；三是内容完整。

3. 自我介绍的形式

一般情况下，正式的自我介绍中应先向对方点头致意，得到回应后再向对方介绍自己。自我介绍的具体形式包括以下几种。

① 应酬式：适用于某些公共场合和一般性的社交场合，这种自我介绍最为简洁，往往内容只包括姓名一项即可。

② 工作式：适用于工作场合，内容包括本人姓名、供职单位及部门、职务或从事的具体工作等。

③ 交流式：适用于社交活动，希望与交往对象进一步交流与沟通时。内容一般应包括介绍者的姓名、工作、籍贯、学历、兴趣及与交往对象的某些熟人的关系。

④ 礼仪式：适用于讲座、报告、演出、庆典、仪式等一些正规而隆重的场合，内容包括姓名、单位、职务等，同时还应加入一些适当的谦辞、敬辞。

⑤ 问答式：适用于应试、应聘和公务交往。问答式的自我介绍，应该是有问必答，问什么就答什么。

4. 自我介绍的顺序

介绍的标准化顺序是位低者先行，即地位低的人先做介绍。一般的规则是：主人和客人做介绍，主人先做介绍；长辈和晚辈在一起，晚辈先做介绍；男士和女士在一起，男士先做介绍。地位低的人和地位高的人在一起，地位低的人先做介绍。

5. 自我介绍的注意事项

① 注意时间：要抓住时机，在适当的场合进行自我介绍。自我介绍时要简洁，尽可能地节省时间，以半分钟左右为佳。

② 讲究态度：进行自我介绍，态度一定要自然、友善、亲切、随和。语气要自然，语速要正常，语音要清晰。

③ 真实诚恳：进行自我介绍要实事求是、真实可信，不可自吹自擂、夸大其词。

6. 自我介绍时的礼仪规范

① 必须镇定而充满信心。大部分人对于自信的人，都会另眼相看。如果你有信心，对方就会对你产生好感。相反，如果你胆怯、紧张，可能会使对方产生同样的反应，对你有所保留，给彼此之间的沟通造成障碍。

② 要根据场合与时机，把握介绍的深度。注意不要中止客户的谈话而介绍自己，要等待适当的时机，不失分寸。

③ 要注意眼神的运用。自我介绍时，眼神要表达出对客户友善、关怀及渴望沟通的心情。

④ 要表情庄重、尊重对方。无论男女都渴望别人尊重自己，特别希望别人重视自己，因此自我介绍时，态度不要轻浮，表情一定要庄重。

⑤ 如果希望认识某一个客户，要积极主动，不能等待对方注意自己。

5.1.2　为他人介绍

为他人介绍又称为第三方介绍，即自己作为第三者，替不相识的双方做介绍。为他人介绍时，主要有以下几个方面需要注意。

1. 为他人介绍的顺序

为他人介绍时，要遵守"尊者优先"的规则。其先后顺序大体上有 6 种。

① 先男后女：把男士引见给女士。这是最常见的一种方式。唯有女士面对尊贵人物时，才允许有例外。

② 先少后老：即优先考虑被介绍人双方的年龄差异，通常适用于同性之间。

③ 先宾后主：适用于来宾众多的场合，尤其是主人不与客人个个相识的时候。

④ 先未婚者后已婚者：此顺序仅适用于对被介绍人非常知根知底的前提之下，要是拿不准，最好不要冒昧行事。

⑤ 先低后高：适用于比较正式的场合，特别适用于职业相同的人士之间。

⑥ 先个体后团体：当新加入一个团体的人初次与该团体的其他成员见面时，负责人将新人介绍给团体的其他成员。

2. 为他人介绍的注意事项

① 介绍人为被介绍人介绍之前，一定要征求一下被介绍人双方的意见，切勿开口即讲，显得很唐突，让被介绍人感到措手不及。

② 被介绍人在介绍人询问自己是否有意认识某人时，一般不应拒绝，应欣然应允。实在不愿意时，则应说明理由。

③ 一般情况下，介绍人和被介绍人都应起立，以示尊重和礼貌。但是在宴会、会议桌、谈判桌上，视情况介绍人和被介绍人可不必起立，被介绍双方可点头微笑致意；如果被介绍双方相隔较远，中间又有障碍物，可举起右手致意，点头微笑致意。

④ 待介绍人介绍完毕后，被介绍双方应微笑点头示意或握手致意，并且彼此问候对方。问候语有"你好""很高兴认识你""久仰大名""幸会幸会"，必要时还可以进一步做自我介绍。

5.1.3 集体介绍

集体介绍是为他人介绍的一种特殊形式，被介绍人一方或双方都不止一人，大体可分两种情况：一是为一人和多人做介绍；二是为多人和多人做介绍。鉴于此，替别人做介绍时，为他人介绍的基本规则是可以使用的。

1. 集体介绍的时机

① 规模较大的社交聚会，有多方参加，各方均可能有多人，要为双方做介绍。

② 大型的公务活动，参加者不止一方，而各方不止一人。

③ 涉外交往活动，参加活动的宾主双方皆不止一人。

④ 正式的大型宴会，主持人一方人员与来宾均不止一人。

⑤ 演讲、报告、比赛，参加者不止一人。

⑥ 会见、会谈，各方参加者不止一人。

⑦ 婚礼、生日晚会，当事人与来宾双方均不止一人。

⑧ 举行会议，应邀前来的与会者往往不止一人。

⑨ 接待参观、访问者，来宾不止一人。

2. 集体介绍的顺序

集体介绍的顺序可参照为他人介绍的顺序，也可酌情处理。但要注意越是正式、大型的交际活动，越要注意介绍的顺序。

① "少数服从多数"。当被介绍人双方地位、身份大致相似时，应先介绍人数较少的一方。

② 强调地位、身份。若被介绍人双方地位、身份存在差异，地位、身份较高的一方即使人数较少或只一人，也应将其放在尊贵的位置，最后加以介绍。

③ 单向介绍。在演讲、报告、比赛、会议、会见时，往往只需要将主角介绍给广大参加者。

④ 人数多一方的介绍。若一方人数较多，可采取笼统的方式进行介绍，如"这是我的家人""这是我的同学"。

⑤ 人数较多各方的介绍。若被介绍的不止两方，需要对被介绍的各方进行位次排列。排列的方法：a. 以其负责人身份为准；b. 以其单位规模为准；c. 以单位名称的英文字母顺序为准；d. 以抵达时间的先后顺序为准；e. 以座次顺序为准；f. 以距介绍者的远近为准。

3. 集体介绍注意事项

集体介绍的注意事项与为他人介绍的注意事项基本相似。除此之外，还应注意以下两点。

① 不要使用易生歧义的简称，在首次介绍时要准确地使用全称。

② 不要开玩笑，要很正规。介绍时要庄重、亲切，切勿开玩笑。

5.1.4 接受介绍时的礼仪

1. 起立

男士起立，女士也要起立，尤其是介绍长辈时，应起立以示对对方的尊重。

2. 目视对方，面带微笑

被介绍人的目光一定要注视着对方的脸部，无论男女。不要让其他事情分散注意力，不要东张西望，以免给对方留下心不在焉、不重视或不欢迎的印象。

3. 握手

如果双方均为男性，握手绝对必要。把男性介绍给女性认识时，女性如果觉得有必要握手，可以先伸出手来，以表示感谢。

4. 问候对方并复述对方姓名

可以说"认识你很高兴，刘慧女士"或"你好，王富强先生"。

5. 交谈后离开时要互相道别

离开时，说一声"再见"可以给对方留下很好的印象。

5.2 称呼礼仪

称呼也称称谓，是人们交谈中用以表示彼此身份与关系的名称。商务交往中，选择正确、恰当的称呼，既体现了自身的良好教养，又表示了对对方的尊敬，同时反映出关系发展的程度及一定的社会风尚。

5.2.1 称呼的方式

在工作中，彼此之间的称呼有其特殊性。总的要求，是庄重、正式、规范。常见的称呼方式有以下几种。

1. 职务性称呼

在工作中，以交往对象的职务相称，以示身份有别、敬意有加，是一种最常见的称呼方式。

① 仅称职务。例如，"部长""经理""主任"等。

② 在职务前加上姓氏。例如，"周科长""隋处长""马委员"等。

③ 在职务前加上姓名，仅适用于极其正式的场合。例如，"张晓东厅长"等。

2. 职称性称呼

对于具有职称者，尤其是具有高级、中级职称者，可直接以其职称相称。以职称相称，下列 3 种情况较为常见。

① 仅称职称。例如，"教授""律师""工程师"等。

② 在职称前加上姓氏。例如，"钱编审""孙研究员"。有时，这种称呼也可加以约定俗成的简化，例如，将"吴工程师"简称为"吴工"。但使用简称应以不发生误会、歧义为限。

③ 在职称前加上姓名，适用于十分正式的场合。例如，"安文教授""杜锦华主任医师""郭雷主编"等。

3. 学衔性称呼

工作中，以学衔作为称呼，有助于增加其权威性，增强现场的学术气氛。称呼学衔，以下 4 种情况使用最多。

① 仅称学衔。例如，"博士"。

② 在学衔前加上姓氏。例如，"杨博士"。

③ 在学衔前加上姓名。例如，"劳静博士"。

④ 将学衔具体化，说明其所属学科，并在其后加上姓名。例如，"史学博士周燕""工学硕士郑伟""法学学士李丽珍"等。此种称呼最为正式。

4. 行业性称呼

在工作中，有时可按行业进行称呼。具体又分为两种情况。

（1）称呼职业

称呼职业，即直接以被称呼者的职业作为称呼。例如，将教员称为"老师"，将教练员称为"教练"，将专业辩护人员称为"律师"，将警察称为"警官"，将会计师称为"会计"，将医生称为"医生"或"大夫"等。

在一般情况下，在此类称呼前，均可加上姓氏或姓名。

（2）称呼"小姐""女士""先生"

对商界、服务业从业人员而言，一般约定俗成地按性别的不同分别称呼为"小姐""女士"或"先生"。其中，"小姐""女士"二者的区别在于：未婚者称"小姐"，已婚者或不明确其婚否者则称"女士"。在公司、外企、宾馆、商店、餐馆、歌厅、酒吧、交通行业，此种称呼极其通行。在此种称呼前，可加姓氏或姓名。

5. 姓名性称呼

在工作岗位上称呼姓名，一般限于同事、熟人之间。其具体方法有 3 种。

① 直呼姓名。

② 只呼其姓，不称其名，但要在姓前面加上"老""大""小"。

③ 只称其名，不呼其姓，通常限于同性之间，尤其是上司称呼下级、长辈称呼晚辈之时。在亲友、同学、邻里之间，也可使用这种称呼。

5.2.2 称呼的禁忌

在使用称呼时，一定要回避以下几种错误的做法。

1. 使用错误的称呼

使用错误的称呼，主要原因是粗心大意、用心不专。常见的错误称呼有两种。

① 误读。一般表现为念错被称呼者的姓名。比如"郇""查""盖"，这些姓氏就极易弄错。要避免犯此错误，要做好前期准备，必要时，虚心请教。

② 误会。主要指对被称呼者的年纪、辈分、婚否以及与其他人的关系做出了错误判断。比如，将未婚妇女称为"夫人"，就属于误会。

2. 使用过时的称呼

有些称呼，具有一定的时效性，时过再采用，难免贻笑大方。比如，在我国古代，对官员称为"老爷""大人"。若全盘照搬过来，就会显得滑稽可笑，不伦不类。

3. 使用不通行的称呼

有些称呼，具有一定的地域性，比如，北京人爱称人为"师傅"，山东人爱称人为"伙计"。但是，在南方人听来，"师傅"等于"出家人"，"伙计"肯定是"打工仔"。

4. 使用不当的行业称呼

学生喜欢互称为"同学"，军人经常互称"战友"，工人可以称为"师傅"，道士、和尚可以称为"出家人"，这无可厚非。但以此法去称呼"界外"人士，并不表示亲近，反而容易让人产生被贬低的感觉。

5. 使用庸俗低级的称呼

在人际交往中，有些称呼在正式场合切勿使用。例如"兄弟""朋友""哥们儿""姐们儿""死党""铁哥们儿"等一类的称呼，会显得庸俗低级，档次不高。逢人便称"老板"，也显得不伦不类。

6. 使用绰号作为称呼

对于关系一般者，切勿自作主张给对方起绰号，更不能随意以道听途说来的对方的绰号去称呼对方。至于一些对对方具有侮辱性质的绰号，例如"傻大个""麻杆儿"等，则更应当免开"尊口"。另外，还要注意，不要随便拿别人的姓名乱开玩笑。要尊重一个人，首先必须学会去尊重他的姓名。每一个正常人，都极为看重本人的姓名，而不容他人对此进行任何形式的轻践。

总之，称呼是交际之始，交际之先。慎用称呼、巧用称呼、善用称呼，有助于赢得别人的好感，有助于人际沟通顺畅地进行。

5.2.3 称呼应注意的问题

1. 称呼要看对象

与多人见面打招呼时，称呼对方应遵循先上级后下级、先长辈后晚辈、先女士后男士、先疏后亲的礼遇顺序。

同事之间的称呼已有一定的讲究。一般来说，在开会、工作等场合，直接称呼职务、职业。可以采用"姓+职务、职业称谓"，如 "李经理"；"名+职务、职业称谓"，如"尔康主管"；"姓名+职务、职称称谓"，如"张飞教授"。

一般年纪较大、职务较高、辈分较高的人常对年纪较轻、职务较低、辈分较低的人称呼姓名。相反，年纪较轻、职务较低、辈分较低的人对年纪较大、职务较高、辈分较高的人直呼其名是没有礼貌的。

在所有称呼中，最亲切、最随便的一种称呼是不称姓而直呼其名，但只限于长者对年轻人，老师对学生，或关系亲密的个人之间。

对不同性别的人应使用不同的称呼，对女性可以称"小姐""女士"等，对男性可称"先生""师傅"等。

2. 称呼要看场合

一般情况下，人们对对方的称呼都是与其环境相对应的正式称呼。例如，某 4S 店有一位姓刘的经理，下级向他汇报工作时称他为"刘经理"；同事和他交往时称他为"老刘"；年轻人在车间里称他为"刘师傅"；他的亲密朋友在与他交往时称他为"刘大哥"；回家时，妻子称他为"当家的"；对他不满的人私下里称他为"姓刘的"。

3. 称呼和身份、修养有关

能否恰当地称呼他人还跟一个人的文化修养有关，一个没有见过场面的人很难称呼一个风度翩翩的服务顾问为"先生"，因此，作为汽车服务人员应该不断提高自身修养，学会恰当地称呼他人。

5.3   名片礼仪

从古至今，名片作为人们交往中一种必不可少的联络工具，已成为具有一定社会性、广泛性，便于携带、使用、保存和查阅的信息载体之一。基层工作人员在各种场合与他人交际应酬时，都离不开名片的使用。而名片的使用，已成为影响人际交往成功的一个因素。要正确使用名片，就要对名片的用途、分类、制作和递接等予以充分的了解，遵守相应的规范和惯例。

5.3.1   名片的用途

1. 自我介绍
名片具有自我介绍和保持联络的作用。

2. 替代便函
在名片上写上简短的几句话，可用来表示对友人的祝贺、感谢、慰问以及吊唁等。

3. 介绍别人
如一位总经理想把公司新来的营销部经理介绍给自己的朋友，可在自己的名片的左下角用铅笔写上 P.P.（Pour Presentation，介绍），然后把营销部经理的名片附在后面一并送去。

4. 业务介绍和宣传
一般名片上写有公司名称及相关业务。在进行商务往来时，名片是公司的招牌，具有类似广告宣传单作用，可使对方快速了解你所从事的业务。

5. 通知变更
一旦调任、迁居或更换电话号码，送给他人一张注明上述变动的名片，相当于及时而又礼貌地打了招呼。

6. 用于拜会或留言

拜访客户或友人时，若对方不在家，拜访者可在名片上写上"很遗憾，未能相见"等，既表示留言，也表示友善。

7. 用作礼单

向友人寄送或托送礼品或鲜花时，可在礼品或花束上附上名片并写上祝贺短语。自己收到友人的礼品，可立即回复一张名片，左角下面用铅笔写上 P.r.（Pour remerciement，谨谢），以表示感谢。

8. 代替请柬

在非正式邀请中，可用名片代替请柬，并注明时间、地点和内容。

5.3.2 名片的分类

根据名片用途、内容及使用场合的不同，日常生活中所用的名片可分为 4 类。

1. 应酬式名片

应酬式名片，主要适合于社交场合应付泛泛之交，拜会他人时说明身份，馈赠时替代礼单，以及用作便条或短信。

2. 社交式名片

社交式名片，特指主要适用于社交场合，用作自我介绍与保持联络的个人名片。其内容有二：一是个人姓名，应以大号字体印于名片中央；二是联络方式，应以较小字体印于名片右下方。

3. 公务式名片

公务式名片，指的是在政务、商务、学术、服务等正式的业务交往中所使用的个人名片。它是目前最为常见的一种个人名片。标准的公务式名片应由归属单位、本人称呼、联络方式 3 项内容构成。

如有必要，可在名片的另一面印上本单位的经营范围或所在方位图。

4. 单位式名片

单位式名片，因其多为公司企业所用，故又称为企业名片，主要用于单位对外宣传、推广活动。它的内容分为两项：一是单位的全称及其标识，二是单位的联络方式。后者由单位地址、邮政编码、单位电话总机号码或公关部电话号码构成。

5.3.3 名片的制作

① 规格：9 cm×5.5 cm（最通用），10 cm×6 cm（境外人士），8 cm×4.5 cm（女士专用）。

② 质材：纸张（白卡纸、再生纸、合成纸、布纹纸、麻点纸、香片纸）。

③ 色彩：单色（白色、米色、浅蓝色、淡黄色、淡灰色）。

④ 图案：纸张纹路，企业标志、蓝图、方位、主导产品等。

⑤ 文字：汉语简体字。

⑥ 字体：印刷体。

⑦ 印法：铅印或胶印。

⑧ 版式：横式或竖式，以横式为佳。

5.3.4　名片的递接

1. 发送名片的时机

① 希望与对方认识时，尤其是初次见面，相互介绍之后就可递上名片。

② 当被介绍给对方时。

③ 初次登门拜访对方时。

④ 当对方希望与自己交换名片时。

⑤ 当自己的信息有变更，需告知对方时。

⑥ 当对方主动向自己索要名片时。

⑦ 当需要知晓对方的准确情况，想要获得对方的名片时。

⑧ 好朋友很久没见面了，相互告别时。

2. 发送名片的礼节

① 首先要把自己的名片准备好，整齐地放在名片夹、盒或口袋中。

② 出示名片的顺序。

● 地位低的人先向地位高的人递名片。

● 男性先向女性递名片。

● 当对方不止一人时，应先将名片递给职务较高或年龄较大者，或者由近至远处递，依次进行。

③ 向对方递送名片时，应面带微笑，稍欠身，注视对方，将名片正对着对方，用双手的拇指和食指分别持握名片上端的两角送给对方，如图 5-1 所示。如果是坐着的，应当起立或欠身递送，并说些客气话。

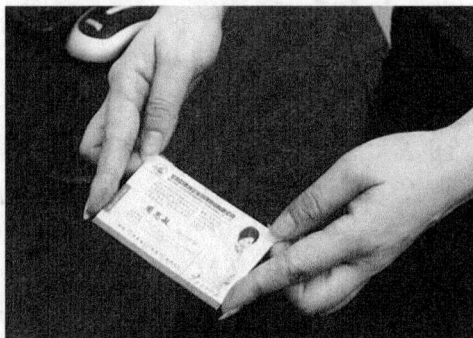

图 5-1　递送名片

3. 接受名片的礼节

① 他人递名片给自己时，应起身站立，面含微笑，目视对方。

② 接受名片时，双手捧接，或以右手接过，如图 5-2 所示。

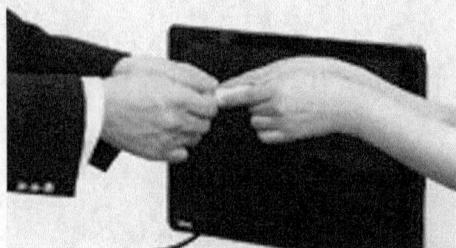

图 5-2　接受名片

③ 拿到对方名片时，应先仔细地看一遍，特别是碰到生字、难字一定要请教对方，以免出错，同时也确认一下对方的头衔。

④ 收了对方的名片后，若是站着，应该将名片拿在齐胸的高处；若是坐着，就放在视线所及之处。

⑤ 在交谈时，不可折皱、玩弄对方的名片。

⑥ 与对方分别时，不可将对方名片任意丢弃在桌上。

4. 递接名片的注意事项

① 不要用左手递交名片。

② 不要将名片背面对着对方或是颠倒着面对对方。

③ 不要将名片举得高于胸部。

④ 不要以手指夹着名片给人。

⑤ 不要将自己的名片像发牌一样扔发给每个人。

⑥ 不要混淆自己的名片和他人的名片，要分开装。

⑦ 不要在对方的名片上压放任何物品，也不可在离去时忘记拿对方的名片。

⑧ 不要将名片放在后裤袋或裙兜里。

5.3.5　索要名片的礼仪

索要名片有三种方式：向对方提议交换名片、主动递上本人名片和委婉地索要名片。下面主要介绍委婉地索要名片。

（1）向尊长索取名片，可以这样说："今后如何向您老请教？"

（2）向平辈或晚辈索要名片，可以这样说："以后怎样与您联系？"

当他人索取本人名片，而自己又不想给对方时，应用委婉的方法表达此意．可以说："对不起，我忘了带名片。"或者说："抱歉，我的名片用完了。"若本人没有名片，又不想明说时，可以用这种方法表述。索要名片最常用的有以下几种方法。

① 交易法。"将欲取之，必先予之"。比如我想要史密斯先生名片，我把名片递给他了："史密斯先生，这是我的名片。"

② 激将法。"尊敬的威廉斯董事长，很高兴认识你，不知道能不能有幸跟您交换一下名片？"话跟他说清楚了，这时他不想给你也得给你，如果对方还是不给，那么还可以采取下一种方法。

③ 联络法。"史玛尔小姐,认识你非常高兴,希望以后到德国来还能够再见到你,不知道以后怎么跟你联络比较方便?"她一般会给,如果不给,意思就是她会主动跟你联系,或者不想与你产生交集。

5.3.6 存放名片的礼仪

虽然名片有用,但是你是否对收到的名片进行了有效的管理?你是否出现过以下情况:参加一次人际活动之后,名片收到了许多,你往家里或办公室里随手一放,可是有一天,你急于寻找一位曾经结识的朋友帮忙,东翻西找,却始终找不到他留给你的名片。

因此,对名片的管理十分必要。首先,当你和他人在不同场合交换名片时,务必详尽记录与对方会面的人、事、时、地、物。交际活动结束后,应回忆复习一下刚刚认识的重要人物,记住他的姓名、企业、职务、行业等。第二天或过个两三天,主动打个电话或发个电邮,向对方表示结识的高兴,或者适当地赞美对方的某个方面,或者回忆你们愉快的聚会细节,让对方加深对你的印象和了解。其次,对名片进行分类管理。你可以按地域分类,比如,按省份、城市;也可以按行业分类;还可以按人脉资源的性质分类,比如,同学、客户、专家等。再次,养成经常翻看名片的习惯,工作的间隙,翻一下你的名片档案,给对方打一个问候电话,发一条祝福短信等,让对方感觉到你的存在和对他的关心与尊重。最后,定期对名片进行清理。将你所有的名片与相关资源数据做一全面性整理,依照关联性、重要性、长期互动与使用概率、数据的完整性等,将它们分成三类:第一类是一定要长期保留的;第二类是不太确定,可以暂时保留的;第三类是确定不要的,当确定不要时应做销毁处理。

存放名片的礼仪主要有以下几方面。

1. 名片的置放

① 在参加商务活动时,要随时准备名片。名片要经过精心的设计,能够艺术地展现自己的身份、品位和公司形象。

② 随身所带的名片,宜放在专用的名片包、名片夹里。公文包以及办公桌抽屉里,也应经常备有名片,以便随时使用。

③ 接过他人的名片看过之后,应将其精心存放在自己的名片包、名片夹或上衣口袋内。

2. 名片的管理

应把收到的名片分类整理收藏,以便今后使用,不要将它随意夹在书刊、文件中,更不能把它随便地扔在抽屉里。

存放名片要讲究方式方法,做到有条不紊。推荐的方法主要包括以下几种。

① 按姓名拼音字母分类。

② 按姓名笔画分类。

③ 按部门、专业分类。

④ 按国别、地区分类。

⑤ 输入手机、计算机等电子设备中。

本章小结

本章通过介绍正式的商务交往中的交谈礼仪，详细说明了介绍礼仪、称呼礼仪及名片礼仪的规范要求。

介绍礼仪一般分为自我介绍、为他人介绍和集体介绍这 3 种情况。无论是哪一种介绍都要注意把握介绍的时机，时机把握不好，就会显得比较唐突，甚至尴尬。尤其是为他人介绍和集体介绍，更要注意介绍的顺序，一般遵从"尊者优先"的顺序。在接受对方介绍时也要彬彬有礼。

称呼礼仪中主要介绍了称呼的方式、称呼的禁忌和称呼应注意的问题。常见的称呼的方式主要有职务性称呼、职称性称呼、学衔性称呼、行业性称呼、姓名性称呼，在实际工作当中，我们应该根据实际情况选用恰当的称呼方式。尤其值得注意的是，称呼不仅要看对象，更要看场合，称呼反映了一个人的身份、修养，切不可大意。

名片礼仪主要介绍了名片的用途、名片的分类、名片的制作、名片的递接、索要名片的礼仪、存放名片的礼仪等内容。在行名片礼仪时要准确把握发送名片的时机。向对方递送名片时，应面带微笑；接受名片时，应起身站立，双手捧接，并仔细地看一遍。向别人索要名片时，一定要有礼貌。另外，还要注意妥善存放和保管名片。

实训与练习

一、填空题

1. 在进行自我介绍时，应注意 3 点：_____、_____和_____。
2. 为他人介绍时，要遵守"_____"的规则。
3. 以职称相称，有 3 种情况较为常见，即_____、_____和_____。
4. 出示名片的顺序，地位低的人先向地位高的人递名片，男性先向女性递名片。当对方不止一人时，应先将名片递给_____；或者_____递，依次进行。
5. 向他人索要名片，常用的方法有_____、_____和_____。

二、判断题

1. 长辈和晚辈在一块儿，长辈先做介绍。（   ）
2. 为他人介绍时，如果被介绍双方相隔较远，中间又有障碍物，可举起左手致意，点头微笑致意。（   ）
3. 在所有称呼中，最亲切、最随便的一种称呼是不称姓而直呼其名，但只限于长者对年轻人，老师对学生，或关系亲密的个人之间。（   ）
4. 拿到对方名片时，应先仔细地看一遍，特别是碰到生字、难字一定要请教对方，以免出错，同时也确认一下对方的头衔。（   ）
5. 向对方递送名片时，应面带微笑，稍欠身，注视对方，将名片正对着对方，用双手的中指和食指分别持握名片上端的两角送给对方。（   ）

三、选择题

1．以下几种情况中适合做自我介绍的是（　　　）

　　A．有其他介绍人在场的时候

　　B．有其他闲杂人员在场的时候

　　C．对方并未忙碌，但看起来心情很糟糕的时候

　　D．周围的环境比较安静、氛围比较舒适的时候

2．下面对为他人介绍的注意事项描述正确的是（　　　）。

　　A．介绍人为被介绍人介绍之前，开口即讲。

　　B．被介绍人在介绍人询问自己是否有意认识某人时，一般不应拒绝，应欣然应允。实在不愿意时，则应说明理由。

　　C．介绍人和被介绍人都不起立；待介绍人介绍完毕后，被介绍双方应各走各的。

　　D．待介绍人介绍完毕后，被介绍双方应微笑点头示意或握手致意，但不问候对方。

3．在人际交往中，在正式场合切勿使用的称呼是（　　　）。

　　A．博士　　　　　　B．教授　　　　　　C．师傅　　　　　　D．兄弟

4．下面对发送名片的时机叙述正确的是（　　　）。

　　① 希望与对方认识时，尤其是初次见面，相互介绍之后就可递上名片。

　　② 当被介绍给对方时。

　　③ 登门拜访对方时。

　　④ 当对方希望与自己交换名片时。

　　A．①②③　　　　　B．①②④　　　　　C．①③④　　　　　D．①②③④

5．对递接名片的注意事项叙述正确的是（　　　）。

　　① 不要用左手递交名片。

　　② 不要将名片背面对着对方或是颠倒着面对对方。

　　③ 不要将名片举得高于胸部。

　　④ 不要以手指夹着名片给人。

　　⑤ 不要将自己的名片像发牌一样扔发给每个人。

　　⑥ 不要混淆自己的名片和他人的名片，要分开装。

　　⑦ 不要在对方的名片上压放任何物品，也不可在离去时忘记拿对方的名片。

　　⑧ 不要将名片放在后裤袋或裙兜里。

　　A．①②③④⑤⑥⑦⑧　　　　　　　　B．①②③④⑤⑥⑦

　　C．②③④⑤⑥⑧　　　　　　　　　　D．②③④⑤⑥⑦⑧

四、实训练习

针对下列情景，请学生以小组形式完成练习。要求：① 在演练过程中拍下视频资料，留存回放，并在学习结束后进行对比；② 每个情景演练，要自我评价、小组互评、老师点评，作为过程考核的成绩。

1．客户王先生到某 4S 店买车后，销售顾问刘海将王先生介绍给服务顾问黄涛及服务经理李凯。请 3 个或 3 个以上的同学模拟表演。

2．某 4S 店服务顾问赵海随同销售王经理等一行 5 人去参加车展，车展上用餐期间碰到了兄弟企业一行 5 人，此前两兄弟企业有部分人相识，此时该如何交换名片？请模拟演练。

第 6 章
商务通信礼仪

- 掌握具体电话礼仪规范、养成文明通话的习惯，提升自身服务形象。
- 了解撰写寄发电子邮件的礼仪规范，能够灵活应用各类商务信函。
- 了解网上沟通的道德规范和文明礼仪，掌握网络礼仪应遵循的原则。

【案例导入】

　　某奥迪 4S 店的销售顾问刘敏打电话给光大公司的高强先生洽谈购车事务，可是电话响了足足半分多钟，无人接听。刘敏正纳闷着，突然电话那端传来一个不耐烦的女高音："什么事啊？"刘敏一愣，以为自己拨错了电话："请问高强先生在吗？""你是谁啊？"对方没好气地盘问。刘敏心里直犯嘀咕："我叫刘敏，是奥迪 4S 店的销售顾问。"

　　"刘敏？你跟高强什么关系？"

　　"关系？"刘明更是丈二和尚摸不着头脑。

　　"我和高先生没有私人关系，我只想谈一下关于高先生购车的事情。""购车？不在。"没等刘敏再说什么，对方就"啪"地挂断了电话。

　　刘敏感觉像是被人戏弄了一番，拿着电话半天没回过神来。

　　讨论：请评价一下材料中女高音的行为有哪些不妥之处。

　　通信是指人们利用一定的电信设备进行信息的传递。被传递的信息，既可以是文字、符号，也可以是表格、图像。在日常生活中，商务人士接触最多的通信手段，主要有电话、传真、电子邮件等。通信礼仪，通常指在利用上述各种通信手段时，所应遵守的礼仪规范。

6.1 电话礼仪

电话礼仪的具体内容，主要包括电话基本礼仪、打电话的礼仪、接电话的礼仪、手机使用技巧等方面的规范和要求。它们都是服务人员在实际工作中经常会接触的问题，了解其礼仪规范、注意事项以及相关原则，才能确保在实际工作中为顾客提供满意的服务，并提高自身素质以及企业整体形象。

6.1.1 电话基本礼仪

1. 面带微笑，声音清晰柔和

笑是可以通过声音让人感觉到的，拿起电话，应该面带微笑。要像对方就在自己面前一样，带着微笑通电话。

通话时，声音不宜太大，应当清晰悦耳、温和有礼，应当吐字准确、语速适中、语气亲切自然。

2. 姿态端正

通话过程中，应该保持端正的姿势，站或坐都要保持身体挺直，不要东倒西歪，弯腰驼背。打电话过程中不能吸烟、喝茶、吃零食，也不要对着电话打哈欠。话筒与嘴的距离保持在 5～10 cm。通话结束后，应轻放话筒。

3. 正确介绍自我

接通电话后，通话者首先向对方正确介绍自己，即"自报家门"。电话中的自我介绍主要分两种方式，在私人电话中，报本人的姓名；在公务电话中，报本人所在的单位、部门、姓名和职务。

4. 尊者先挂电话

在结束电话交谈时，一般应当由打电话的一方提出，然后彼此客气地道别，说一声"再见"，再挂电话，不可只管自己讲完就挂电话。交际礼仪的规则是地位高者先挂。

① 与上级的电话，上级先挂。

② 单位与单位的电话，上级单位先挂。

③ 在商务交往中，客户是上帝，无论是投诉还是咨询，客户先挂。

④ 一般求人的事，等被求的人先挂。

⑤ 如果自己有重要的事情，不宜继续通话，应该说明原因，并告诉对方"有空时，我马上打电话给您"。

5. 尊重别人隐私

当别人打电话或接电话时，要做到不偷听、不旁听。当帮别人接听电话时，要做到不随意传播，也不当着众人的面大声转述电话的内容。

6.1.2 打电话的礼仪

打电话的基本礼仪包括：事前准备、时间适度、体谅对方、内容简练和表现文明 5 个方面。具体内容如下。

1. 事前准备

为了使通话简洁顺畅，打电话前，应首先做好通话内容的准备。如将要找的人名、职务、要谈的主要内容进行简单归纳，写在纸上。这样就可以做到通话时层次分明、条理清楚，不至于通话时丢三落四、语无伦次，让对方不得要领。通话内容要简明扼要，不能吞吞吐吐、东拉西扯、不着边际，否则既浪费了对方的时间，又给对方留下了"办事不干练"的不良印象。此外，与不熟悉的单位或个人联络，对方的名字与电话号码应当明确掌握，以免因搞错而浪费时间。

2. 时间适度

时间适度包括通话的适宜时间和通话的时间长度。

（1）通话的适宜时间

打电话时，应该以客为尊，让客户产生宾至如归的亲切感觉，因此应该注意在恰当的时段内打电话。通常，早上 10：00～11：30、下午 2：00～4：00 是所有公司的"黄金"时段，打电话的时间应该尽量选择在"黄金"时段。

除有要事必须立即通知外，不要在他人的休息时间打电话。例如，上午 7 点之前、晚上 10 点之后、一日三餐的吃饭时间以及节假日等。因紧急事情需要打电话到别人家里时，通话之初先要说声"对不起"，并说明理由。另外，因公事打电话，尽量不要打到对方家里，尤其是晚上。打电话到海外，还应考虑到时差问题。如果需要打电话到对方工作单位，要想保障通话效果，使之不受到对方繁忙或疲劳的影响，则通话时间应选择在周一上午 10 点左右至周五下午 3 点左右，而不应是在对方刚上班、快下班、午休或吃午饭时，不识时务地把电话打过去。一般来讲，周一上班一个小时内没有重要事情不要打电话，因为此时大多数单位要开例会安排一周的工作日程或处理一些重要事务。周五下午下班前不要打电话，因为临近下班时间人们的心理状态处于疲劳期。此外，不要因私事打电话到对方单位。通话时机选择要点如图 6-1 所示。不适合通话的时段如图 6-2 所示。

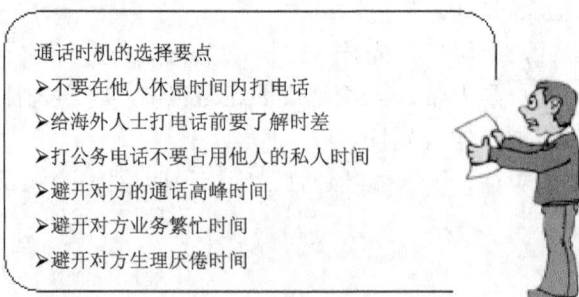

图 6-1　通话时机选择要点

不适合通话的时段
➤忙碌的时候
➤用餐、午休时间
➤惯性工作时间
➤下班前10 min
➤过早或过晚时

图 6-2　不适合通话的时段

（2）通话的时间长度

基本要求：以短为佳，宁短勿长。在电话礼仪里，有一条"3 min 原则"，即发话人要自觉地、有意识地将每次通话的长度，限定在 3 min 之内。

3. 体谅对方

在开始通话时，先问一下对方，现在通话是否方便。倘若对方不方便，可约另外的时间。若通话时间较长，也要先征求一下对方意见，并在结束时略表歉意。在对方节假日、用餐、睡觉时，迫不得已打电话影响了别人，不仅要讲清楚原因，还要说一声"对不起"。在上班时间内，一般情况下不要为了私事而长时间通话。

4. 内容简练

要事先准备。不要现说现想、缺少条理、丢三落四。

要简明扼要。问候完毕，即应开宗明义，直言主题，少讲空话，不说废话，不没话找话，不吞吞吐吐。

要适可而止。话说完了，要及时终止通话。由发话人终止通话，是电话礼仪的惯例之一，也是发话人的一项义务。发话人不放下电话，受话人一般是不能挂电话的。

5. 表现文明

表现文明主要体现在语言文明、态度文明和举止文明 3 个方面。

（1）语言文明

打电话坚持用"您好"开头，"请"字在中，"谢谢"收尾，态度温文尔雅。接通电话后，应该向受话方首先问声"您好"，再用简单的语言自我介绍和证实对方的身份，然后立即向对方说明打电话的目的，迅速转入所谈事情的正题。通话结束时要使用"再见"，要是少了这句礼貌用语，就会使终止通话显得有些突如其来，让受话方感到有始无终。

（2）态度文明

对于受话人，不要态度粗暴无理，也不要阿谀奉承。电话若需要总机接转，勿忘对总机的话务员问上一声好，并且还要加上一声"谢谢"。碰上要找的人不在，需要接听电话之人代找，或代为转告、留言时，态度都要文明有礼。通话时，电话忽然中断，依照礼仪需由发话人立即再拨，并说明原因，不要不了了之，或只等受话人一方打来电话。若拨错了电话，应对接听者表示歉意，不要一言不发，挂断了事。

（3）举止文明

当众拨打电话时，不要在通话时把话筒夹在脖子上，或是趴着、仰着、坐在桌子上，或是高架双腿与人通话。挂电话时要轻放，不要用力一摔，令对方"大惊失色"。通话不要"半途而废"，若拨号时对方一再占线，要有耐心，不要拿电话撒气。

6.1.3　接电话的礼仪

在通电话的过程中，接听电话的一方显然是被动者。尽管如此，人们在接听电话时，也需要专心致志、彬彬有礼。

1. 本人受话

在本人受话时，应注意接听及时、应对谦和、主次分明和认真记录。

（1）接听及时

在电话礼仪中，有"铃响不过三"的原则。接听电话是否及时，反映着一个人待人接物的真实态度。电话铃声一旦响起，应尽快予以接听，不要铃响许久，甚至响过几遍之后，才接听电话。但是，铃声才响过一次，就接听电话也显得操之过急。在正常情况下，不允许不接听他人打来的电话，尤其是"如约而来"的电话。因特殊原因，致使铃响过久才接电话，须向发话人表示歉意，要先说"对不起"。根据欧美行为学家的统计，人的耐性是 7 s，7 s 之后就很容易产生浮躁情绪。因此，最多只能让来电者稍候 7 s，否则对方很容易产生收线、以后再打的想法。接听提醒如图 6-3 所示。

提醒您

不要在铃响许久后才接电话，也不要在通话过程中让人等待，否则会使人觉得你妄自尊大

图 6-3　接听提醒

（2）应对谦和

接听电话后，即应主动介绍自己，例如："您好，我是华之诚汽车服务有限公司×××，请……"不要一声不吭，故弄玄虚。在通话时，要聚精会神地接听电话，不要心不在焉，或是把话筒置于一旁，任其"自言自语"。在通话过程中，要谦恭友好，不卑不亢，不要拿腔拿调。当通话因故暂时中断后，要等候对方再拨进来，不要走开，也不要为此而责怪对方。若接听到误拨进来的电话，要耐心向对方说明，如有可能，还要向对方提供帮助，或者为其代转电话，不要为此勃然大怒，甚至出口伤人。

（3）主次分明

在会晤重要客人或举行会议期间有人打来电话，可向其说明原因，表示歉意，并再约一个具体时间，到时主动打电话过去。在接听电话之时，适逢另一个电话打了进来，不要置之不理，可先对通话对象说明原因，请其勿挂电话，稍候片刻，然后立即接另一个电话，待接通之后，先请对方稍候，或过一会儿再打进来，然后再继续刚才正打的电话。无论多么忙，都不要拔下电话线，进行自我隔绝。

（4）认真记录

对电话通知，要详细记录，及时汇报。

2. 代接电话

代接电话时，要注意热情相助、尊重隐私、记忆准确和传达及时。

（1）热情相助

接电话时，假如对方所找非己，不要口出不快，拒绝对方代找旁人的请求，尤其是不要对对方所找之人口有微词，如果对方要找的人不在，应主动询问："需要留一个口信给他（她）吗？"

（2）尊重隐私

代接电话时，当发话人有求于己，要求转达某事给某人时，一定要守口如瓶，不随意扩散，广而告之，辜负了他人的信任。即使发话人要找的人就在附近，也不要大喊大叫，闹得人人皆知。当别人通话时，不要"旁听"，也不要插嘴。

（3）记忆准确

若发话人要找的人不在，向对方说明后，应问是否需要代为转达，如对方有此请求，即应相助。对发话人要求转达的具体内容要认真做好笔录，在对方讲完之后，还要重复一遍。记录电话的内容一般为 5W1H 要素：Why（理由），打电话的目的、理由；What（内容），商谈细节；Who（对象），洽谈对象；When（时间），对方合宜的通话时间、来电时间；How（方法），应如何表达较得体。5W1H 通话要点如图 6-4 所示。

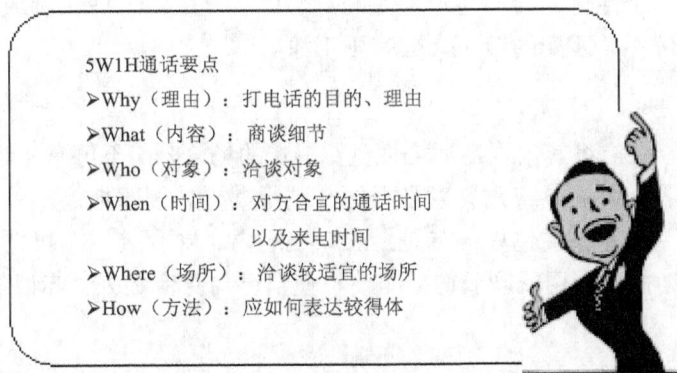

5W1H通话要点
➤Why（理由）：打电话的目的、理由
➤What（内容）：商谈细节
➤Who（对象）：洽谈对象
➤When（时间）：对方合宜的通话时间
　　　　　　　　以及来电时间
➤Where（场所）：洽谈较适宜的场所
➤How（方法）：应如何表达较得体

图 6-4　5W1H 通话要点

（4）传达及时

接听寻找他人的电话时，先要弄明白"对方是谁""现在找谁"两个问题。若对方不愿讲第一个问题，可不必勉强。若对方要找的人不在，可先以实相告，再询问对方"有什么事情？"若发话人所找的人就在附近，要立即去找，不要拖延。若答应发话人代为传话，要尽快落实，不要置之脑后，除非万不得已时，不要把自己代人转达的内容再托他人转告。

6.1.4 手机使用技巧

现代社会，手机已经得到了广泛应用。公务场合，要注意手机的使用技巧。

1. 注意安全

开车时不打手机，乘飞机时要关机，加油站、病房中不应用手机。一般情况下，不要借别人的手机，尤其是陌生人。

2. 文明使用

使用手机时，一定要讲究社会公德，避免使自己的行为打扰到其他人。在公共场所活动时，尽量不要使用手机。当其处于待机状态时，应使之静音或转为振动。需要与他人通话时，寻找无人之处，避免当众自说自话。公共场所乃是公众共享之处，最得体的做法是人人都自觉地保持肃静。显而易见，在公共场所中手机狂叫不止，或与他人当众通话，都是侵犯他人权利、不讲社会公德的表现。在参加宴会、舞会、音乐会时，在法院、图书馆或展览馆中时，尤须切记此点。

在工作岗位上，也应保证自己手机的使用不影响工作和别人，应调成静音或振动模式。尤其是在开会、会客、上课、谈判、签约以及出席重要的仪式、活动时，必须要自觉地提前采取措施，令自己的手机噪声不响。在必要时，可暂时关机，或者委托他人保管，这也是对有关交往对象的一种尊重和对有关活动的一种重视。

3. 正确使用个性化手机铃声

随着手机的广泛应用，个性化的手机铃声也迅速走俏。个性化的手机铃声为生活增添了色彩，人们选择它无可非议。但是应该注意正确使用个性化的手机铃声，在办公室和一些严肃的场合，若不合适的铃声不断响起，对周围的人也是一种干扰。此外，铃声要和身份相匹配，相对来说，过于个性化的铃声与年轻人的身份比较匹配，一些长者或者有一定身份的人如果选择与自己身份不太匹配的铃声，会有损形象。

4. 注意携带

手机的使用者，应当将其放置在适当之处。正式的场合，切不可有意识地将其展示于人，如握在手中，别在衣服外面，或是有意当众对其进行摆弄。按照惯例，外出之际随身携带手机的最佳位置有二：一是公文包里；二是上衣口袋之内。穿套装、套裙之时，切勿将其挂在衣内的腰带上。否则撩衣取用或观看时，即使不使自己与身旁之人"赤诚相见"，也会因此举而惊吓对方。

5. 不要频繁改换手机号码

如果改换，应及时通知亲朋好友和重要的合作伙伴。

6.2 电子邮件礼仪

现实环境中，我们在待人处事时，常会根据对方的言谈举止、用字遣词来衡量评估，并推敲其要传达的信息。

在使用电子邮件时，基本上也是如此，唯一的不同就是只能透过文字来传达感受，我们无法看到对方的肢体语言、表情，因此在文字上的表达就显得重要。通常在撰写电子邮件时，要注意其中的规范性要求，才能确保在与客户的沟通中让客户满意，不至于因为一时疏忽大意而前功尽弃，或者在商业交往中造成不必要的麻烦和误解。

1．关于主题

主题是接收者了解邮件的第一信息，因此要提纲挈领，使用有意义的主题行，让收件人迅速了解邮件内容并判断其重要性。

① 一定不要用空白标题，这是最失礼的。

② 标题要简短，不宜冗长。

③ 标题要能真切反映邮件的内容和重要性，切忌使用含义不清的标题，如 "王先生收""有个问题"。

④ 一封信尽可能只针对一个主题，不在一封信内谈及多件事情，以便日后整理。

⑤ 可适当用使用大写字母或特殊字符（如"*""!"等）来突出标题，引起收件人注意，但应适度，不要随便使用"紧急"之类的字眼。

⑥ 回复对方邮件时，可以根据回复内容需要更改标题。

2．关于称呼与问候

（1）恰当地称呼收件者，拿捏尺度。

邮件的开头要称呼收件人。这既显得礼貌，也明确提醒某收件人，此邮件是面向他的，要求其给出必要的回应；在有多个收件人的情况下可以称呼大家。

如果对方有职务，应按职务尊称对方，如"×经理"；如果不清楚职务，则应按通常的"×先生""×女士"称呼，但要把性别先搞清楚。

对不熟悉的人不宜直接称呼英文名，对级别高于自己的人也不宜称呼英文名。称呼全名也是不礼貌的，不要对谁都用"Dear ×××"，显得很熟络。

（2）电子邮件开头结尾最好要有问候语。

最简单的开头是写"你好"，结尾常写"祝您顺利"。俗话说得好，"礼多人不怪"，礼貌一些总是好的，即便邮件中有些地方不妥，对方也能平静地看待。

3．邮件正文

（1）电子邮件正文要简明扼要，行文通顺。

电子邮件正文应简明扼要地说清楚事情。如果具体内容确实很多，正文应只作简要介绍，然后单独写个文件作为附件进行详细描述。

正文行文应通顺，多用简单词汇和短句，准确清晰地表达，不要出现晦涩难懂的语句。最好不要让人家拉滚动条才能看完你的邮件。

（2）注意电子邮件的论述语气。

根据收件人与自己的熟络程度、等级关系，邮件是对内性质还是对外性质，选择恰当的语气进行论述，以免引起对方不适。

尊重对方，"请""谢谢"之类的语句要适当出现。

电子邮件可轻易地转给他人，因此对别人意见的评论必须谨慎而客观。

（3）电子邮件正文多条分缕析。

如果事情复杂，最好条分缕析地说明，保持每个段落简短不冗长，没人有时间仔细看没分段的长篇大论。

（4）一次邮件交代完整信息。

最好在一次邮件中把相关信息全部说清楚，说准确。不要 2min 之后再发一封"补充"或者"更正"之类的邮件，这会让人很反感。

（5）尽可能避免拼写错误和错别字，注意检查。

这是对别人的尊重，也是自己态度的体现。如果是英文电子邮件，最好把拼写检查功能打开；如果是中文电子邮件，注意拼音输入法带给你的同音别字。

在邮件发送之前，务必自己仔细阅读一遍，检查行文是否通顺，拼写是否错误。

（6）合理提示重要信息

不要动不动就用大写字母、粗体斜体、颜色字体、加大字号等对一些信息进行提示。合理的提示是必要的，但过多的提示则会让人抓不住重点，影响阅读。

（7）合理利用图片、表格等形式来辅助阐述

对于很多带有技术介绍或讨论性质的邮件，单纯以文字形式很难描述清楚。如果配合图表加以阐述，收件人一定会表扬你的体贴。

（8）不要动不动使用 :) 之类的笑脸字符，在商务邮件中这样显得比较轻佻。商务邮件不是情书，所以:) 之类的慎用，除了在某些确实需要强调出一定的轻松气氛的场合。

4. 附件

① 如果邮件带有附件，应在正文里面提示收件人查看附件。

② 附件文件应按有意义的名字命名，不可用"外星人"才能看懂的文件名。

③ 正文中应对附件内容做简要说明，特别是带有多个附件时。

④ 附件数目不宜超过 4 个，数目较多时应打包压缩成一个文件。

⑤ 如果附件是特殊格式文件，应在正文中说明打开方式，以免影响使用，尽量使用通用格式，使接收者不至于为了阅读你的邮件而专门安装软件。

⑥ 如果附件过大（不宜超过 2 MB），应分割成几个小文件分别发送。

5. 语言的选择和汉字编码

（1）只在必要的时候才使用英文邮件。

英文邮件只是交流的工具，而不是用来炫耀和锻炼英文水平的。如果收件人中有外籍人士，应该使用英文邮件交流；如果收件人是其他国家和地区的华人，也应采用英文交流。由于存在中文编码的问题，你的中文邮件在其他地区可能显示成乱码"天书"。

（2）尊重对方的习惯，不主动发起英文邮件。

如果对方与你的邮件往来采用中文，请不要自作聪明地向对方发送英文邮件；如果对方发英文邮件给你，也要用英文邮件回复。

（3）对于一些信息量丰富或重要的邮件，建议使用中文，因为你很难保证收发双方的英文水平相同，对邮件内容的理解相同。

（4）选择便于阅读的字号和字体

中文用宋体或新宋体，英文用 Verdana 或 Arial 字体，字号用五号或 10 号即可。经研究证明这是最适合在线阅读的字号和字体。不要用稀奇古怪的字体或斜体，最好不用背景信纸，特别对公务邮件来说。

6. 结尾签名

每封邮件在结尾都应签名，这样对方可以清楚地知道发件人信息。

（1）签名信息不宜过多

电子邮件消息末尾加上签名档是必要的。签名档可包括姓名、职务、公司、电话、传真、地址等信息，但信息不宜行数过多，一般不超过 4 行。你只需将一些必要信息放于签名档上，对方如果需要更详细的信息，自然会与你联系。

引用一个短语作为你的签名的一部分是可行的，比如你的座右铭，或公司的宣传口号。但是要分清收件人对象与场合，切记一定要得体。

（2）不要只用一个签名档

对内、对私、对熟悉的客户等群体的邮件往来，签名档应该进行简化。过于正式的签名档会让彼此之间有一定距离感。你可以设置多个签名档，灵活调用。

（3）签名档文字应与正文文字相匹配，以免造成乱码。字号一般应比正文字号小一些。

7. 回复技巧

（1）及时回复电子邮件

收到他人的重要电子邮件后，即刻回复对方往往是必不可少的，这也是对他人的尊重，理想的回复时间是 2h 内，特别是对一些紧急重要的邮件。对于一些优先级低的邮件可集中在一特定时间处理，但一般不要超过 24h。

如果事情复杂，你无法及时确切回复，至少应该及时地回复"收到了，我们正在处理，一旦有结果就会及时回复"。不要让对方苦苦等待，要及时做出回复，或者只是回复确认收到也可。

如果你正在出差或休假，应该设定自动回复功能，提示发件人，以免影响工作。

（2）进行针对性回复

当回复邮件答复问题的时候，宜把相关的问题抄到回复邮件中，然后附上答案，进行必要的阐述，让对方一次性完全理解，避免反复交流，浪费资源。

（3）回复不得少于 10 个字

对方给你发来一大段邮件，你却只回复"是的""对""谢谢""已知道"等，是非常不礼貌的。至少应回复 10 个字，以示尊重。

（4）不要多次交流讨论同一问题

如果收发双方因同一问题的交流回复超过 3 次，便说明交流不畅。此时应采用电话沟通等方式进行交流。因此，电子邮件有时并不是最优的交流方式。

对于较为复杂的问题，多个收件人频繁回复，发表看法，导致邮件过于冗长而不可阅读时，应根据之前讨论的结果进行小结，突出有用信息。

（5）要区分单独回复和回复全体

如果是只需要单独一个人知道的事，单独回复给他一个人就行了。

如果你对发件人提出的要求做出结论响应，应该回复全体，让全体都知道，不要让对方帮你完成这件事情。

如果你对发件人提出的问题不清楚，或有不同的意见，应该与发件人单独沟通，不要不停地多次回复全体。与发件人单独讨论，将讨论结果回复全体即可。不要向上司频繁发送没有确定结果的邮件。

点击"回复全体"前，要三思而行！

（6）主动控制邮件的来往

为避免无谓的回复，浪费资源，可在文中指定部分收件人给出回复，或在文末添上以下语句"全部办妥""无须行动""仅供参考，无须回复"。

8. 正确使用发送、抄送、密送

要区分收件人、抄送人、秘送人。

（1）收件人是要受理这封邮件所涉及的主要问题的，应对邮件予以回复响应。

（2）抄送人则只是需要知道这件事，抄送人没有义务对邮件予以响应，当然如果抄送人有建议，可以回电子邮件。

（3）收件人是不知道你已发给秘送人的。这个功能可以用在非常规场合。

（4）收件人和抄送人中的各收件人的排列应遵循一定的规则。比如按部门排列，按职位等级从高到低或从低到高都可以。适当的规则有助于提升你的形象。

（5）只给需要信息的人发送邮件，不要占用他人的资源。

（6）转发邮件要突出信息。

在你转发邮件之前，首先确保所有收件人需要知道此消息。除此之外，转发敏感或者机密邮件要小心谨慎，不要把内部消息转发给外部人员或者未经授权的接收人。

如果有需要还应对转发邮件的内容进行修改和整理，以突出信息。不要将大量中间邮件发给他人，让人摸不着头脑。

6.3 网络礼仪

网络礼仪是互联网使用者在网络上对其他人应有的礼仪。现实世界中，人与人之间的社交活动有不少约定俗成的礼仪，在互联网虚拟世界中，也同样有一套不成文的规定及礼仪，即网络礼仪，供互联网使用者遵守。忽视网络礼仪的后果，可能会对他人造成骚扰，甚至引发网上骂战或抵制等事件，虽然网络世界不会像真实世界一样造成身体损伤，但对当事人来说也是一种不愉快的体验。

如同其他沟通方式一样，网上沟通同样存在着道德规范和文明礼仪。网络礼仪要遵循彼此尊重、容许异议、宽以待人、保持平静、与人分享的原则。

6.3.1 网络基本礼仪

1. 记住人的存在

互联网给来自五湖四海的人们一个共同的聚集地方，这是高科技的优点，但也使得我们忘记是在跟其他人打交道，因此我们的行为也容易变得更粗劣和无礼。因此，网络礼仪第一条就是"记住人的存在"。当着面不会说的话在网上也不要说。

2. 网上网下行为一致

在现实生活中大多数人都遵法守纪，同样地在网上也应该如此。网上的道德和法律与现实生活是相同的，不要以为在网络上就可以降低道德标准。

3. 入乡随俗

同样是网站，不同的论坛有不同的规则。在一个论坛可以做的事情在另一个论坛可能就不能做。比如说在聊天室打哈哈发布传言和在一个新闻论坛散布传言是不同的。建议最好是先弄清楚论坛的气氛和可以接受的行为后再发言。

4. 尊重别人的时间和资源

在提问题以前，先去搜索和研究，因为很有可能同样的问题已经被问过多次。不要以自我为中心，浪费别人的时间和资源。

5. 在网上给别人留个好印象

由于网络的匿名性，别人无法从你的外观来判断，因此你的一言一语成为别人对你印象的唯一判断依据。如果你对某个方面不是很熟悉，应研究、了解该方面后再发言。发帖以前要仔细检查语法和用词，不要故意挑衅和使用脏话。

6. 分享你的知识

除了回答问题以外，当你提了一个有意思的问题而得到很多回答，特别是通过电子邮件得到回答，你应该写份总结在网络上与大家分享。

7. 平心静气地争论

争论是正常的现象。要以理服人，不要人身攻击。

8. 尊重他人的隐私

别人与你用电子邮件交流或私聊的记录应该是隐私一部分。如果你认识的某个人用笔名上网，在论坛未经本人同意将其真名公开也不是一种好的行为。如果你不小心看到别人的电子邮件或秘密，不应该到处广播。

9. 不要滥用权力

管理员、版主比其他用户有更多的权力，应该珍惜使用这些权力。

10. 宽容

我们都曾经是新手，都有犯错误的时候。当看到别人写错字，用错词，问一个低级问题或者发表一篇没必要的长篇大论时，请不要在意。如果你真的想给他建议，最好用电子邮件的方式，人都是爱面子的。

6.3.2　微信聊天基本礼仪

如今，微信已经成为我们日常生活、工作必不可少的工具。微信作为一种社交工具，真正地融入了我们生活中的方方面面。在微信中人与人交往时，你的网络礼仪越周到，你在朋友圈里的影响力也会越大。

1. 不在别人忙时聊个不停

不在别人忙的时候发送太多信息，这是一种礼貌。通常如果聊天时对方看到信息没有立刻回复或者回复"晚点再说"时，一是他对该话题不感兴趣，二是他在忙。

我们面对面和人交流时，对方若突然有事要打断和你的谈话，都会说："不好意思，我有点事情要办，我们下次再聊。"微信聊天也是一样，当别人很有礼貌地表示"回聊"时，你应该注意分寸，客气地说："可以，那我们下次再说。"

最不恰当的做法是，你已经知道对方在忙，却一直自说自话，不顾他人感受。这样的做法，既给他人带来困扰，也让自己在对方心目中的形象瞬间倾塌。

不要去质问别人为何不回复你，不回复一般有两种情况：不想回和没时间回。不想回的，我们不需要强求；没时间回的，等有时间一定会回复的。

不要聊个不停，也适用于微信群。我们每个人都加了很多微信群，包括家庭群、朋友群、工作群，要把握在群里说话的度。你可以做群里的话题引导者和气氛活跃者，但一定不能24h都在"狂轰滥炸"。你感兴趣的事情其他人不一定感兴趣，更重要的是，大家都有许多微信群，如果每个微信群里都是"聊得停不下来"的人，生活会变得嘈杂，工作也会受到影响。

微信聊天，需要一种分寸感。懂得"察言观色"，才会让人看到你内心潜在的礼仪。

2. 尽量回复他人的信息

如果别人给你发了消息，而你又比较有空，那么应及时回复。即使对方发的内容你完全没有兴趣，也要适当地、礼貌地回复。不要故意不理别人，可以通过减少回复的积极程度或者找个理由表示出你不太想聊的意愿，给对方一个台阶下。

如果你很忙没有及时看到消息，可以等方便的时候向对方解释。我们在对待及时回复这件事上想法其实是一样的，换位思考一下，等待回复的是你，你当然也希望对方至少给一个态度。

另外，及时回复消息可以说是工作中最主要的一种礼仪了。有一个词叫"有问有答"，当别人提出问题时，我们最好给他提供一个回答。举个很生活的例子，当你和你的上级发微信消息请病假时，你发送完信息上级迟迟不回复你，那这假到底是请了还是没请，你会很紧张，收不到回复，最终你可能还会拖着病体去上班。

小时候长辈时常教导我们，别人和你说话的时候你要回人家的话，这是礼貌。是的，微信中，别人和你发消息你尽量去回复，这也是一种礼貌。

微信聊天，需要这样的礼貌。

3. 把握好发微信的方式和时间

科技在进步，微信的聊天方式也是各式各样。从最开始的纯文字消息，到语音和视频消息。交流越来越畅通，但随之也呈现出很多问题：不合时宜的语音信息，无处不在的视频邀请，千奇百怪的表情达人。

虽然微信交流方式很丰富，但需要针对人群做到心中有数。别人在工作或者忙事情的时候，能打字还是尽量打字。试想如果对方在开会或者在上课，并不方便听语音，而文字总是一目了然。换成是你，在工作时接连收到四五条时长 1min 的语音信息，是不是也会很崩溃呢？看着微信群里一排排未读的语音信息，是不是很无语呢？

慎用语音聊天功能，别随便发起视频通话。就算是空余的休息时间，想要视频聊天也请先征求一下对方的意见再发起邀请。

会发微信的人，不止懂得发消息的方式，也会考虑发消息的时间。很多人的作息是很规律的，早上 8 点起，晚上 11 点睡，不是特别着急的事情，最好是注意一下发微信的时间。无论是太早还是太晚，都有可能打扰到别人的休息。

总之，微信聊天中，我们需要自觉去完善自己的聊天礼仪。

6.3.3　文明上网注意事项

1. 注意自己的形象

发帖前仔细检查语法和用词，不要故意挑衅和使用脏话。网络用语要文明，客气，不使用侮辱、谩骂、攻击等语言。不在网络上发表或转载违法、庸俗、格调低下的言论、图片、音视频信息。

2. 格调高雅

自觉抵制有悖社会公德和中华民族优秀传统美德的不良信息和网络低俗之风，不刻意寻找、查看、下载内容不健康、格调低下且带有凶杀或色情内容的文字和图片，不链接不健康网站，不发送不健康短（彩）信，不在网站论坛上发表或转载违法、庸俗、格调低下的言论、图片或音视频信息，积极营造网络文明新风。

3. 用语规范

在网络上与人交流时，应当语言规范，不要以为别人看不到你而随便使用攻击性、侮辱性的语言。另外，计算机有自身独特的语言符号系统，应当谨慎使用语言符号，不得滥用，以免因对方不理解而导致交流受阻。

4. 自我保护

为维护自身形象、单位形象，不要以单位或部门名义在网上任意发表个人对时事的见解，尤其不能泄露商业机密、国家机密。不要随便在网上留下单位电话、个人联系方式、个人消息，以免被骚扰。

5. 保密和"防黑"

除了收发电子邮件和查阅资料外，互联网还能向人们提供其他各种服务，如网上聊天、制作个人主页、网上购物、电子公告板以及网络游戏等。

在网上和人聊天时，进入聊天室应先打招呼，可用表现自身特点的网名，但一旦确定，不宜频频更换，以便交流；文字交谈用到英文时不可全部用大写英文字母等。人们在社交场合交谈的一般规则都适用于网上聊天。

下面关于网络的两项规则，我们需要再次强调。

一是保守秘密。在使用网络时不能泄露机密。尽量避免谈及和自己知道的与机密相关的话题，无论是国家机密还是商业机密，更不能故意泄密。

二是制止犯罪。"黑客"往往凭借其高超的计算机知识和网络操作技能，进入一些重要单位的服务器，擅改程序，偷窥机密，造成网络混乱，并从中谋利。我们必须正确使用网络技术，既不能充当"黑客"，同时又必须防范"黑客"。对于利用网络进行犯罪的事实，知道后应及时向公安机关举报。

本章小结

本章通过对商务通信礼仪的介绍，详细说明了电话礼仪、电子邮件礼仪及网络礼仪的规范要求。

电话礼仪介绍了电话基本礼仪、打电话的礼仪、接电话的礼仪、手机使用技巧等方面的规范和要求。

电子邮件礼仪介绍了撰写、寄发电子邮件时，要注意的规范要求。

网络礼仪介绍了网络基本礼仪、微信聊天基本礼仪及文明上网注意事项。

实训与练习

一、填空题

1. 电话中的自我介绍，在_____中，报本人所在的单位、部门、姓名和职务。

2. 当别人打电话或接电话时，要做到_____、_____。

3. 接听及时，在电话礼仪中，有"_____"的原则。

4. 邮件的开头要_____。这既显得礼貌，也明确提醒某收件人，此邮件是面向他的。

5. 网络礼仪要遵循_____、_____、_____、_____和_____的原则。

二、判断题

1. 通信被传递的信息，既可以是文字、符号，也可以是表格、图像。（　　　）

2. 电子邮件可轻易地转给他人，因此对别人意见的评论必须谨慎而客观。（　　　）

3. 收到他人的重要电子邮件后，即刻回复对方，理想的回复时间是24h内。（　　　）

4. 由于网络的匿名性，别人无法从你的外观来判断你，因此你的一言一语成为别人对你印象的唯一判断依据。（　　　）

5. 在别人忙的时候发送太多信息，这是一种礼貌。（　　　）

三、选择题

1. 话筒与嘴的距离保持在（　　　）左右。通话结束后，应轻放话筒。

    A. 2~5 cm   B. 3~5 cm   C. 5~10 cm   D. 10~15 cm

2. 早上（　　　）、下午2:00~4:00通常是所有公司的"黄金"时段，打电话的时间应该尽量选择在"黄金"时段。

    A. 8:30~10:00   B. 9:00~10:30

    C. 10:00~11:30   D. 11:00~12:30

3. 对于一些优先级低的邮件可集中在一特定时间处理，但一般不要超过（　　　）h。

    A. 2   B. 12   C. 24   D. 48

4．除了收发电子邮件和查阅资料外，互联网还能向人们提供其他各种服务，如（　　）。

  A．网上聊天   B．制作个人主页

  C．网上购物   D．电子公告板

5．（　　）是接收者了解邮件的第一信息，因此要提纲挈领地让收件人迅速了解邮件内容并判断其重要性。

  A．称呼   B．主题   C．正文   D．附件

四、实训练习

  针对下列情景，请学生以小组形式完成练习。要求：① 在演练过程中拍下视频资料，留存回放，并在学习结束后进行对比；② 每个情景演练，要自我评价、小组互评、老师点评，作为过程考核的成绩。

  1．作为汽车销售顾问，本周日所在 4S 店将有新车试驾活动，请问你该如何与打进电话的客户沟通并落实该客户是否来参加活动？现在请进入情景。

  2．某汽车品牌销售公司 7 月份要参加车展，届时将有很多优惠政策，请拟一封商务邮件发给所有来咨询购车的意向客户。现在请进入情景。

  3．客户张超给金大洲 4S 店的销售顾问王鹏打电话，正巧他不在，你该如何进行电话接待？现在请进入情景。

第 7 章
仪式礼仪

【学习目标】

- 了解开业仪式的准备工作，掌握开业仪式的程序要求和礼仪规范。
- 掌握展览会相关的商务礼仪，学会展览会内容宣传的方式技巧。
- 了解交接仪式的准备工作，掌握交接仪式的程序要求和礼仪规范。
- 了解庆典仪式的准备工作，掌握庆典仪式的程序要求和礼仪规范。
- 了解签约仪式的准备工作，掌握签约仪式的程序要求和礼仪规范。

【案例导入】

上海的一个展览馆正在举行规模宏大的全球汽车展览。这次展览吸引了全国各地的人们前来，他们希望能选购到物美价廉的汽车。

一位年长的来自深圳的富商，也来到了展览会上，他已经做了一些前期的了解，这次来，准备通过实地的体验，在大型车展厂商价格优惠的情况下，选购一辆豪华汽车。他停在一辆豪华轿车前，认真仔细地研究起来。这家豪华汽车厂商的服务人员是一位年轻貌美、气质高雅的小姐，她站在一旁，面带职业性的微笑，看着一群群对着豪华汽车啧啧有声的参观者。当然，她不可能对一个普通的老人给予过多的关注，所以当这位年长的富商向她走过来询问一些有关车的详细的问题时，她以一种很优雅的动作为富商拿了一份印刷精美的介绍图册。富商一边接过这份图册一边皱起了眉头，然后走开了。

富商继续参观，到了另一个展台陈列的豪华汽车前，这个展台前参观的人较少。这次他受到了一个年轻的专业服务人员的热情接待。这位服务人员脸上挂着欢迎的微笑，那微笑就像阳光一样灿烂，让富商顿时觉得温暖。当富商又一次询问一些专业的问题时，他得到了相当周到的专业回答。从各种豪华汽车品牌，到性能和价钱，尤其是自己所推介的品牌，这位服务人员讲解得十分清楚。而且当其他参观者凑过来听时，他也尽量与其他参观者交流。尽管花费了他不少的时间，但他脸上一点也没有不耐烦的表情，反而始终洋溢着真诚的微笑。富商被他的微笑所感染，更被他介绍的品牌豪华汽车的品质和价格吸引，毫不犹豫地签了一张 100 万元的支票作为定金，买下了一辆该品牌的豪华汽车。

请思考：在案例中，前一个厂商的展览会礼仪存在哪些缺失？第二个展台的服务人员有哪些可取之处？

仪式，是现代社会的重要社交方式，也是组织方对内营造和谐氛围、增加凝聚力，对外协调关系、扩大宣传、塑造形象的有效手段。在日常生活中，商务人员所接触到的仪式甚多，如开业仪式、交接仪式、庆典仪式、签字仪式等，许多商务人士往往亲历过不止一次。当举办各种展览会、交易会、文化节、艺术节、联欢节、电影周等重大活动时，一般都要举行隆重的开幕仪式；重大的工程开工、竣工或交接，公司建立、商店开张、写字楼落成等活动，也要举行隆重的开工、竣工典礼或交接仪式。

7.1　开业仪式礼仪

开业仪式，是指单位创建、开业，项目完工、落成，某一建筑物正式启用，或是某项工程正式开始之际，为了表示庆贺或纪念，按照一定的程序隆重举行的专门的仪式。有时，开业仪式亦称为开业典礼。

1. 开业仪式的作用

开业仪式，有以下作用。

① 它有助于塑造本单位的良好形象，提高单位的知名度与美誉度。

② 它有助于扩大本单位的社会影响，吸引社会各界的重视与关心。

③ 它有助于将本单位的建立或成就"广而告之"，从而吸引顾客扩大经营。

④ 它有助于让支持过本单位的社会各界一同分享成功的喜悦，进而为进一步合作奠定基础。

⑤ 它有助于增强本单位全体员工的自豪感与责任心，创造出一个良好的开端，或是开创一个新的起点。

2. 开业仪式的内容

开业仪式通常包括两项基本内容：其一，开业仪式的准备；其二，开业仪式的程序。作为汽车服务人员，掌握相关的开业仪式礼仪规范，有利于工作的顺利开展。

（1）开业仪式的准备

开业仪式的基本要求是热烈、隆重，开业仪式的目的是扩大企业知名度、树立企业形象。开业仪式尽管进行的时间极其短暂，但要营造出热烈的现场气氛，取得彻底的成功，却是一件非常难的事情。由于它牵涉面甚广，影响面巨大，不能不对其进行认真的准备。准备开业仪式，在指导思想上要遵循"热烈""节俭""缜密"三原则，力戒沉闷、乏味、铺张浪费、盲目比阔，力求周密、细致，严防百密一疏、临场出错。开业仪式应做好以下几个方面的准备工作。

① 做好舆论宣传工作。一是选择有效的大众传播媒介，进行集中性的广告宣传。二是邀请有关的大众传播界人士在开业仪式举行之时到场进行采访、报道，以便对本单位进行进一步的正面宣传。

② 准备请柬。精心拟出邀请宾客的名单，并将请柬在距仪式正式开始12h前送达出席人手中。这些宾客中，包括政府有关部门负责人、社区负责人、社团代表、新闻记者、员工代表以及公众代表等。

③ 做好场地布置工作。举办仪式的现场，一般设在企业门口。按惯例，举行开业仪式时宾主一律站立，故一般不布置主席台或座椅。现场布置要突出喜庆感，渲染热烈气氛。一般要悬挂"×××开业庆典"的横幅，准备好音响、照明设备并认真检查、调试，在来宾站立之处铺设红地毯，并在场地四周悬挂横幅、标语、气球、彩带等。此外，还应当在醒目处摆放来宾赠送的花篮、牌匾、纪念物品。选择场地要注意地势开阔，以便容纳观众。

④ 拟定典礼程序和接待事项。负责签到、留言、题词、接待、剪彩、鸣炮、奏乐以及摄影、录像等的有关服务工作人员，应及时到达指定岗位，按照典礼程序有条不紊地进行工作。

⑤ 确定剪彩人员。除主办方负责人外，还应邀请地位较高、有一定声望的知名人士一同剪彩。

⑥ 安排庆祝节目。安排一些必要的庆祝节目，可以营造热烈欢快的现场气氛。最好由本企业员工负责庆祝节目的演出，这样可以培养员工当家做主的精神和企业自豪感。

知识链接

2019年5月18日，深圳首家比亚迪e网4S店——鹏峰比亚迪在深圳福田鹏峰汽车城内盛大开业。汽车、金融、银行、保险等行业合作伙伴及深圳多家主流媒体到场出席活动，活动现场还举行了精彩的舞狮表演及首位车主交车仪式，场面十分热烈（见图7-1）。

图7-1　深圳首家比亚迪e网4S店

据悉，此次深圳·鹏峰比亚迪 4S 店开业不仅重新布局了比亚迪集团在深圳市场的销售网络，更在店面品质和服务上进行了全面升级。深圳·鹏峰比亚迪 4S 店在硬件建设上达到了新的高度，在建店位置、服务硬件等方面对标高端品牌，旨在为客户提供更加舒适的购车环境与贴心的服务。

此次上市推出的"即刻来电计划"，包含"幸福来电"超低首付购车方案，最低首付 1 万元，一张身份证，就能"贷"走 e1，还款周期更是长达 36 期；最高 2500 元置换补贴的"成长来电计划"；价值 1000 元低速电动车来电升舱礼包的"向上来电"计划。

不仅如此，消费者还可同时享受比亚迪推出的最高享 60G 流量，2 年云服务的"畅快来电"；6 年或 15 万 km 超长质保，电芯终身保修的"安心来电"； 推荐成功购买 e1 可共享价值 1200 元迪粉积分的"来电吧会员礼"和优先参与 e-life 体验活动及公益活动的"Life 体验权"在内的"e 享计划"。活动丰富，奖品多多。

请思考：该公司开业典礼是否合乎开业仪式礼仪规范要求？

（2）开业仪式的程序

开业仪式一般分开场、过程和结束 3 个阶段。

① 开场。由主持人宣布来宾就位，双方出席开幕式的人员入场后，宾主面向外，分左右两边排开。典礼开始时，可奏乐或燃放鞭炮庆贺，接着奏厂歌、店歌或举行升旗仪式。

② 过程。主持人宣布大会开始，首先请企业负责人致辞，向来宾及祝贺单位表示感谢。接着安排上级领导和来宾代表致贺词，并祝其生意兴隆。致辞后即由代表团身份最高的人进行剪彩仪式，若是双方合作，则可各推举一位负责人同时剪彩。

③ 结束。剪彩结束后，主人可陪同来宾进厂或进店参观，这期间可以向来宾介绍本企业拟将生产或销售的主要产品、承揽的主要项目以及经营决策，也可以举行短时间的座谈，广泛征求来宾的意见和建议。还可与来宾一起合影留念。此外，可以准备一些印有本企业名称及"开业典礼"字样的小礼品，赠送给来宾，扩大公众宣传效果。

7.2　展览会礼仪

展览会礼仪，通常是指企业在组织、参加展览会时应当遵循的规范与惯例。展览会在汽车商务交往中往往发挥着重大的作用。它不仅具有很强的说服力、感染力，可以打动观众，为主办单位广交朋友，还可以借助个体传播、群体传播、大众传播等各种传播形式，传播有关主办单位的信息，提高其名气与声誉。正因为如此，几乎所有的商界单位都对展览会十分重视，并踊跃参加。作为一名汽车服务人员，必须掌握汽车展览会的相关商务礼仪，并能够在汽车展览会上游刃有余，表现得恰到好处。

展览会礼仪主要涉及展览会的宣传、展览会的参加和展厅环境礼仪。

1. 展览会的宣传

为了引起社会各界对展览会的重视，并且尽量地扩大其影响，主办单位有必要对其进行大力宣传。宣传的重点应当是展览的内容，即展览会上的展示陈列之物，因为只有它们才能真正吸引各界人士的注意和兴趣。

对于展览会，尤其是对展览内容进行的宣传，主要可以采用下述几种方式。

① 举办新闻发布会。

② 邀请新闻界人士到场进行参观采访。

③ 发表有关展览会的新闻稿。

④ 公开刊发广告。

⑤ 张贴有关展览会的宣传画。

⑥ 在展览会现场发放宣传性材料和纪念品。

⑦ 在举办地悬挂彩旗、彩带或横幅。

⑧ 利用升空的彩色气球和飞艇进行宣传。

以上 8 种方式，可以只择其一，亦可多种同时并用。在具体进行选择时，一定要量力行事，并且要严守法纪，注意安全。

2. 展览会的参加

参展单位在正式参加展览会时，必须要求自己派出的全部人员齐心协力、同心同德，为展览会的成功而努力奋斗。在整体形象、待人礼貌、解说技巧 3 个主要方面，参展单位尤其要予以特别的重视。

（1）维护整体形象

参与展览时，参展单位的整体形象直接映入观众的眼里，因此参展单位的整体形象对参展的成败影响极大。参展单位的整体形象，主要由展品的形象与工作人员的形象两部分构成。对于二者要给予同等的重视，不可偏废。

① 展品的形象主要由展品的外观、展品的质量、展品的陈列、展位的布置、发放的资料等构成。用以进行展览的展品，外观上要力求完美无缺，质量上要优中选优，陈列上要既整齐美观又讲究主次，布置上要兼顾主题的突出与吸引观众的注意力。在展览会上向观众直接发放的有关资料，要印刷精美、图文并茂、资讯丰富，并且注有参展单位的主要联络方法，如销售部门的电话、传真以及电子邮箱等。

② 工作人员的形象是指在展览会上直接代表参展单位的人员的穿着打扮。在一般情况下，要求在展位上工作的人员统一着装。着装的最佳选择，是本单位的制服、特意为本次展览会统一制作的会务装，或者是深色的西装、套裙。在大型的展览会上，参展单位若安排专人迎送宾客，则最好请其穿色彩鲜艳的单色旗袍，并胸披写有参展单位或其主打展品名称的大红色绶带。

为了说明各自的身份，全体工作人员皆应在左胸佩戴标明本人单位、职务、姓名的胸卡，礼仪小姐除外。按照惯例，工作人员不应戴首饰，男士应当剃须，女士则应化淡妆。

（2）注意待人礼貌

在展览会上，参展单位的工作人员必须真正地意识到观众是自己的上帝，为其热情而竭诚地服务是自己的天职。因此，全体工作人员都要将礼貌待人放在心上，并且将其落实在行动上。

展览会一旦正式开始，参展单位的全体工作人员即应各就各位，站立迎宾。不允许迟到早退、无故脱岗、东游西逛，更不允许在观众到来之时坐、卧不起，怠慢对方。

当观众走近自己的展位时，不论对方是否向自己打了招呼，工作人员都要面含微笑，主动地同对方说："您好！欢迎光临！"必要时，还应面向对方，稍许欠身，伸出右手，掌心向上，指尖直指展台，并告知对方："请您参观。"

当观众在本单位的展位上进行参观时，工作人员可随行其后，以便对方随时向自己咨询；也可以请其自便，不加干扰。假如观众较多，尤其是在接待组团而来的观众时，工作人员亦可在左前方引导对方进行参观。对于观众所提出的问题，工作人员要认真做出回答。不应置之不理，或以不礼貌的言行对待对方。

当观众离开时，工作人员应当真诚地向对方欠身施礼，并道"谢谢光临"，或是"再见"。

在任何情况下，工作人员均不得对观众恶语相加或讥讽嘲弄。对于极个别不守展览会规则而乱摸乱动的观众，仍须以礼相劝，必要时可请保安人员协助，切忌擅自动粗。

（3）善于运用解说技巧

解说技巧，主要是指参展单位的工作人员在向观众介绍或说明展品时应当掌握的基本方法和技能。具体而论，在汽车宣传性展览会与汽车销售性展览会上，解说技巧既有共性可循，又有不同之处。

在汽车宣传性展览会与汽车销售性展览会上，解说技巧的共性在于：要善于因人而异，使解说具有针对性。与此同时，要突出自己展品的特色。在实事求是的前提下，要注意扬长避短，强调"人无我有""人有我优""人优我新""人新我靓"之处。在必要时，还可邀请观众亲自动手操作，或由工作人员为其现场示范。此外，还可安排观众观看与展品相关的影片，并向其提供说明材料与单位名片。通常，说明材料与单位名片应常备于展台之上，由观众自取。

在汽车销售性展览会上，解说的重点则必须放在主要展品的介绍与推销之上。按照国外的常规说法，解说时一定要注意"FABE"并重。它由 4 个英文单词首字母组成，其中，"F"（feature）指展品特征，"A"（advantage）指展品优势，"B"（benefit）指客户利益，"E"（evidence）指可资证明的证据。要求工作人员在汽车销售性展览会上向观众进行解说时，"FABE" 并重，就是要求其解说应当以客户利益为重，要在提供有利证据的前提下，着重强调自己所介绍、推销的汽车展品的主要特征与主要优点，争取使客户觉得言之有理，并乐于接受。

3. 展厅环境礼仪

在汽车销售业务中，展厅是提供尊重贴心服务的地方，要干净舒适，要有家庭般舒适的休息环境。因此，展厅的硬件条件非常重要。

（1）光线要求

展厅内必须保持灯光明亮，营造一种开放的空间感，给顾客带来一种舒心的感觉。休闲区内的光线要采用暖色调，要柔和温馨，如电视区光线不宜太强，计算机区光线不宜太暗。

（2）卫生

展厅应窗明几净，各种设备整洁干净，摆放合理方便。

（3）空气

展厅应空气流通，空调温度适中，没有异味，空调出风口不对着顾客。

（4）装饰

可利用一些高低不一、赏心悦目的绿色植物对展厅进行装饰。墙面除了可以挂一些维修人员的资格证，增强专业性之外，还可以悬挂一些与用户活动有关的照片，增强亲和力。

（5）功能

应尽可能设置吸烟区和非吸烟区（这对部分车主的满意度影响很大）。

7.3 交接仪式礼仪

交接仪式，一般是指在举行交接时所须遵守的有关规范。

交接仪式的重要意义在于，它既是商务伙伴们对所进行过的成功合作的庆贺，又是对给予自己过关怀、支持、帮助和理解的社会各界的答谢，还是接收单位与交付单位巧妙地利用时机，为双方各自提高知名度和美誉度而进行的一种公共宣传活动。

在汽车企业，递交新车是一个让人激动的时刻。汽车服务人员按照销售流程标准，为顾客提供满意的服务，会使顾客感受到经销商所有汽车服务人员都在分享他的欢乐与喜悦。同时，在递交新车过程中，汽车服务人员要让顾客充分了解新车的操作和使用方法，以及后续保养服务事项，通过热情、专业、规范的交车过程，来加深顾客印象，提高顾客满意度，并以此为机会发掘更多的销售机会，拓展汽车品牌形象。

交接仪式礼仪通常包括交接仪式的准备、交接仪式的程序、参加交接仪式的注意事项 3个方面的主要内容。

1. 交接仪式的准备

准备交接仪式，主要关注以下 3 件事：来宾的邀请、现场的布置、物品的预备。

（1）来宾的邀请

来宾的邀请，一般应由交接仪式的东道主——施工、安装单位负责。在具体拟定来宾名单时，施工、安装单位亦应主动征求自己的合作伙伴——接收单位的意见。

邀请上级主管部门、当地政府、行业组织的有关人员时，不能勉强对方，但必须努力争取，并表现得心诚意切。这是因为，利用交接仪式使交付单位、接收单位与上级主管部门、当地政府、行业组织进行多方接触，不但可以宣传企业的工作成绩，而且有助于各方进一步地相互理解和相互沟通。

（2）现场的布置

举行交接仪式的现场亦称交接仪式的会场。在对其进行选择时，通常应依据交接仪式的重要程度、全体出席者的具体人数、交接仪式的具体程序与内容以及是否保密等几个方面而定。

根据常规，一般可将交接仪式的举行地点安排在设备所在地的现场。有时，亦可酌情将其安排在东道主单位本部的会议厅，或者交付单位与接收单位双方共同认可的其他场所。

（3）物品的预备

在交接仪式上，需要使用的各种物品，应由交付单位提前准备。首先，必不可少的是作为交接象征之物的有关物品，主要包括验收文件、一览表、钥匙等。验收文件，此处是指已经公证的由交接双方正式签署的接收证明性文件；一览表，是指交付给接收单位的全部物资、设备或其他物品的名称、数量明细表；钥匙，则是指用来开启被交接的建筑物或机械设备的钥匙。

除此之外，主办交接仪式的单位，还需为交接仪式的现场准备一些用以烘托喜庆气氛的物品，并应为来宾准备一份薄礼。

在交接仪式的现场，可临时搭建一处主席台。必要时，应在其上铺设一块红地毯。在主席台上方，应悬挂一条红色巨型横幅，其上有交接仪式的具体名称。

知识链接

2020年1月3日，海南三亚，113台欧拉R1亲子版整齐停放，可爱呆萌的造型搭配海南岛的热带风景，为本次交车仪式增添了一些轻快氛围，如图7-2所示。

图7-2 欧拉R1亲子版交车仪式于三亚圆满落幕

出席本次交车仪式的有某公司高级经理李强、成都建国欧拉4S店销售总监陈俊豪，本次交车仪式是成都建国欧拉4S店首次跨越5个省，距离超过1900 km，且是规模最大的一次。

此次交车流程涉及车辆数量大，流程时间长，为交车增加了不少不确定因素。成都建国欧拉4S店全体动员，在为客户解答一系列疑问的同时，以"服务全程"的宗旨，将113台车辆顺利交付到客户手中，整个过程体现出了成都建国欧拉4S店秉承的"用心创造，完美服务"的经营理念。

请思考：成都建国欧拉4S店在新车交接仪式上如何遵守有关规范？

2. **交接仪式的程序**

交接仪式的程序，具体指的是交接仪式进行时的各个步骤。不同的交接仪式，其具体程序往往不同。主办单位在拟定交接仪式的具体程序时，必须注意两个方面的重要问题：一是必须在大的方面参照惯例执行，尽量不要标新立异，另搞一套；二是必须实事求是、量力而行，在具体的细节方面不必事事贪大求全。总体来讲，几乎所有的交接仪式都少不了下述 5 项基本程序。

① 主持人宣布交接仪式正式开始。

② 奏国歌，并演奏东道主单位的标志性歌曲。

③ 由交付单位与接收单位正式进行有关工程项目或大型设备的交接。

④ 按惯例，在交接仪式上，须由有关各方的代表进行发言。

⑤ 宣告交接仪式正式结束，随后安排全体来宾进行参观或观看文娱表演。

3. 参加交接仪式的注意事项

在参加交接仪式时，不论是东道主还是来宾，都有要遵守的礼仪。假如有人在仪式上表现失当，就会造成交接仪式黯然失色。有时，甚至还会影响到有关方面的相互关系。

（1）东道主需要注意的问题

东道主需要注意的主要问题有 3 个：一是仪表整洁，二是保持风度，三是待人友好。

（2）来宾需要注意的问题

来宾在应邀出席交接仪式时，主要应当重视 4 个方面的问题：其一，致以祝贺；其二，筹备贺礼；其三，预备贺词；其四，准时到场。

7.4 庆典仪式礼仪

庆典仪式是围绕重大事件或重大节日而举行的庆祝活动。它的目的是激发某种感情，鼓舞斗志，宣传教育，扩大知名度和影响，树立良好的公众形象。

在商务活动中，商务人员参加庆典仪式的机会很多，既有可能是为本单位组织一次庆典仪式，也有可能是应邀出席外单位的某一次庆典仪式。庆典仪式必须符合礼仪规范，才能收到预期效果。

1. 庆典仪式的准备工作

准备工作是庆典仪式活动组织中的重要环节，准备和礼仪策划环节做得充分、周到，整个庆典仪式就等于成功了一半。庆典仪式的准备工作有以下几个方面。

（1）明确庆典仪式规模

庆典仪式的准备工作首先要确定规模大小。东道主主要根据庆典仪式的需要精心拟定出参加人员的名单。邀请宾客应考虑周到，为使庆典仪式隆重，一般要特别邀请几位身份比较高的人员参加。邀请宾客的多少，应根据经济力量、场地条件和接待能力等来确定。

（2）庆典仪式策划组织分工

庆典仪式所用的时间虽然不长，但事关重大，所以对庆典仪式各项烦琐的准备工作，应事无巨细。要请几位专业的礼仪人员进行统筹和策划，做出明确分工，有的负责邀请和接待客人，有的负责庆典的程序和进行，有的负责后勤保障，有的负责全面领导和协调。全部工作人员各负其责，协调配合，保证庆典仪式的圆满成功。

（3）拟定庆典程序

庆典程序是庆典仪式的中心环节，整个庆典仪式的效果如何，主要由程序决定。拟定庆典程序，首先要选好主持人，因为主持人担负着掌握进程、驾驭全局、调节气氛、处理随时出现的问题的重任。主持人应当精明强干，口才良好，有应变能力，并且熟悉各方面情况。

（4）庆典仪式的场地布置

要根据庆典仪式的规模、时间、形式的要求安排场地，并进行布置。不同的场地布置的格调不同，要根据当地的风俗习惯安排。场地的音响设备要保持情况良好。有的还要安排锣鼓、鞭炮和乐队，以渲染气氛。

（5）后勤工作

庆典仪式的后勤工作相当繁重，稍有不慎就会出现漏洞，所以，事先要有充分的准备。对经济账务、所需物品、来宾接待、食宿交通等，都要安排专门的人员负责。

（6）发出通知

在确定了宾客名单后，即可发出通知。通知的形式可以用书面形式——请柬，也可以用口头或电函形式，也可以用在报纸上刊登启事的形式发出邀请。对重要的贵宾应当由东道主亲自出面邀请，并呈送请柬。

2. 庆典仪式的基本程序

一次庆典仪式举行得成功与否，与其具体的程序密切相关。仪式礼仪规定，拟定庆典程序时，必须坚持两条原则：第一，时间宜短不宜长。大体上讲，应以 1h 为限。这既是为了确保其效果良好，也是为了尊重全体出席者，尤其是为了尊重来宾。第二，程序宜少不宜多。程序过多，不但会加长时间，而且会分散出席者的注意力，并给人以庆典内容过于凌乱之感。总之，不要使庆典仪式成为内容乱七八糟的"马拉松"。

依照常规，一次庆典仪式大致上应包括以下几项程序。

① 请来宾就座，出席者安静，介绍嘉宾。

② 宣布庆典仪式正式开始，全体起立，奏国歌，唱本单位之歌。

③ 本单位主要负责人致辞。其内容是对来宾表示感谢，介绍此次庆典仪式的缘由等。其重点应是报喜以及庆典仪式的可"庆"之处。

④ 邀请嘉宾讲话。一般地，出席此仪式的上级主要领导、协作单位及社区关系单位，均应有代表讲话或致贺词。不过应提前约定好，不要当场当众推来推去。对外来的贺电、贺信等可不必一一宣读，但对其署名单位或个人应当公布。在进行公布时，可依照"先来后到"的顺序，或是按照单位具体名称的汉字笔画顺序。

⑤ 安排文艺演出。这项程序可有可无，如果准备安排，应当慎选内容，注意不要有悖于庆典仪式的宗旨。

⑥ 邀请来宾进行参观。如有可能，可安排来宾参观本单位的有关展览或车间等。当然，此项程序有时亦可省略。

7.5　签约仪式礼仪

签约，即合同的签署。它在商务交往中，被视为各方的关系取得了大的进展，以及为消除彼此之间的误会或抵触而达成了一致性见解的重大成果。因此，它极受商界人士的重视。

根据仪式礼仪的规定，签署合同是各方的关系发展史上"里程碑"式的重大事件，应当严格地依照规范，来讲究礼仪、应用礼仪。为郑重起见，在具体签署合同时，往往会举行一系列程式化的活动，此即所谓的签约仪式。

在具体操作时，它又分为草拟阶段、准备阶段与签字阶段三大部分。

1. 草拟阶段

在现实生活中，商界人士所接触到的商务合同的种类繁多，常见的有购销合同、借贷合同、租赁合同、协作合同、加工合同、基建合同、仓保合同、保险合同、货运合同、责任合同等。以下先来介绍一下草拟合同的正规做法。

从格式上讲，合同的写作有一定之规。它的首要要求，是目的明确、内容具体、用词标准、数据精确、项目完整、书面整洁。

从具体的写法上来讲，合同大体上有条款式与表格式两类。条款式合同，指的是以条款形式出现的合同；表格式合同，则是指以表格形式出现的合同。

在草拟合同时，除了在格式上要标准、规范之外，同时还必须注意法律、常识、对手 3 个方面的关键问题。

2. 准备阶段

在商务交往中，人们在签署合同之前，通常会竭力做好以下几个步骤的准备工作。

（1）布置好签字厅

签字厅有常设专用的，也有临时以会议厅、会客室来代替的。布置它的总原则，是庄重、整洁、清静。

（2）安排好签字时的座次

在正式签署合同时，各方代表对于礼遇均非常在意，因此商务人员对于在签字仪式上最能体现礼遇高低的座次问题，应当认真对待。

签字时各方代表的座次，是由主方代为预先排定的。合乎礼仪的做法是：在签署双边性合同时，客方签字人在签字桌右侧就座，主方签字人同时就座于签字桌左侧。双方各自的助签人，应分别站立于各自一方签字人的外侧，以便随时为签字人提供帮助。

双方其他的随员，可以按照一定的顺序在己方签字人的正对面就座，也可以依照职位的高低，依次自左至右（客方）或是自右至左（主方）地列成一行，站立在己方签字人的身后。

在签署多边性合同时，一般仅设一个签字椅。各方签字人签字时，须依照各方事先同意的顺序，依次上前签字。

（3）预先备好待签的合同文本

依照商界的习惯，在正式签署合同前，应由举行签字仪式的主方负责准备待签合同的正式文本。

主方应会同各方一同指定专人，共同负责合同的定稿、校对、印刷与装订。按常规，应为在合同上正式签字的各方，均提供一份待签的合同文本。必要时，还可再向各方提供一份副本。

（4）规范好签字人员的服饰

按照规定，签字人、助签人以及随员，在出席签字仪式时，应当穿着具有礼服性质的深色西装套装、中山装套装或西装套裙，并且配以白色衬衫和深色皮鞋。男士还必须系上单色领带，以示正式。

3．签字阶段

签字仪式是签署合同的高潮，它的时间不长，但程序规范、庄重而热烈。签字仪式的正式程序一共分为 4 项，分别是：签字仪式正式开始，签字人正式签署合同文本，签字人正式交换已由各方正式签署的合同文本，共饮香槟酒互相道贺。

一般情况下，商务合同在正式签署后，应提交到有关方面进行公证，此后才正式生效。

本章小结

本章通过对正式的商务交往中的仪式礼仪的介绍，详细说明了开业仪式礼仪、展览会礼仪、交接仪式礼仪、庆典仪式礼仪及签约仪式礼仪的规范要求。

开业仪式礼仪主要介绍了开业仪式的作用、开业仪式的内容。

展览会礼仪主要介绍了展览会的宣传、展览会的参加和展厅环境礼仪。

交接仪式礼仪主要介绍了交接仪式的准备、交接仪式的程序、参加交接仪式的注意事项。

庆典仪式礼仪主要介绍了庆典仪式的准备工作、庆典仪式的基本程序。

签约仪式礼仪主要介绍了签约仪式的草拟阶段、准备阶段与签字阶段的相关礼仪规范。

实训与练习

一、填空题

1．开业仪式通常包括两项基本内容：_____ 和_____。

2．展品的形象主要由_____、_____、_____、_____ 和_____ 等构成。

3．交接仪式通常包括_____、_____ 和_____ 3 个方面的主要内容。

4．庆典仪式的_____ 首先要确定规模大小。

5．_____ 有常设专用的，也有临时以会议厅、会客室来代替的。

二、判断题

1．按惯例，举行开业仪式时宾主一律站立，故一般不布置主席台或座椅。（　　　）

2．在一般情况下，不要求在展位上工作的人员统一着装。（　　　）

3．主办单位在拟定交接仪式的具体程序时，必须实事求是、量力而行，在具体的细节方面不必事事贪大求全。（　　　）

4．庆典程序是庆典仪式的中心环节，整个庆典仪式的效果如何，主要由程序决定。（　　　）

5．商务人员对于在签字仪式上最能体现礼遇高低的座次问题，应当认真对待。（　　　）

三、选择题

1．准备（　　　）仪式，首先在指导思想上要遵循"热烈""节俭""缜密"三原则。

　　A．庆典　　　　B．交接　　　　C．开业　　　　D．签约

2．在汽车销售性展览会上，解说的重点必须放在主要展品的介绍与推销之上。解说时一定要注意"（　　　）"并重。

　　A．F（特征）　　B．A（优势）　　C．B（客户利益）D．E（证据）

3．在对（　　　）进行选择时，通常应依据交接仪式的重要程度、全体出席者的具体人数、

交接仪式的具体程序与内容以及是否保密等几个方面的因素而定。

    A．来宾的邀约   B．现场的布置   C．物品的预备   D．交接仪式的参加

4．仪式礼仪规定，拟定（   ）程序时，必须坚持两条原则：第一，时间宜短不宜长。第二，程序宜少不宜多。

    A．开业   B．交接   C．庆典   D．签约

5．签字仪式的正式程序一共分为以下几项：（   ）。

    A．签字仪式正式开始

    B．签字人正式签署合同文本

    C．签字人正式交换已由各方正式签署的合同文本

    D．共饮香槟酒互相道贺

四、实训练习

针对下列情景，请学生以小组形式完成练习。要求：① 在演练过程中拍下视频资料，留存回放，并在学习结束后进行对比；② 每个情景演练，要自我评价、小组互评、老师点评，作为过程考核的成绩。

1．你是一个刚毕业的汽车营销专业学生，应聘到一个即将开业的某品牌汽车4S店做销售助理，企业进行开业典礼，需要进行策划，你将如何进行策划呢？你将如何规范剪彩仪式呢？现在请进入情景。

2．模拟汽车4S店的汽车销售流程，为已经谈判成交的车辆，举行一个新车交付仪式，作为汽车营销服务人员，你该如何设计策划一个新车交付仪式？现在请进入情景。

3．作为汽车营销服务人员，在与客户进行新车协商之后，达成成交，要进行签约仪式，你该如何按照签约仪式的规范要求进行签约呢？现在请进入情景。

第 8 章
求职面试礼仪

【学习目标】

- 了解面试流程，掌握面试准备阶段的相关礼仪。
- 掌握面试进行阶段的基本技巧及相关礼仪。
- 掌握面试结束阶段的告辞礼仪，学会自我检查、自我评价。

【案例导入】

某公司经理在别人问他为什么要录用一个没有任何人推荐的小伙子时说："他带来了许多介绍信。他神态清爽，服饰整洁；在门口蹭掉了脚下带的土，进门后轻轻地关上了门；看见残疾人时主动让座；进了办公室，其他人都从我故意放在地板上的那本书上迈过去，而他却很自然地俯身捡起并放在桌子上；他回答问题简洁明了。这些难道不是最好的介绍信吗？"

请思考：（1）经理话中的"介绍信"指的是什么？

（2）这些"介绍信"介绍了小伙子哪些优点？

（3）小伙子在应聘中遵守了哪些礼仪规范？

市场竞争就是人才的竞争，当今企业对于礼仪都有较高的要求。美国著名成功学家卡耐基认为一个人事业的成功，15%靠他的专业技术，而85%则要靠人际关系和为人处世能力。

面试是通过当面交谈来实现对应聘者考核的一种方式。与笔试相比，面试具有更大的灵活性和综合性，它不仅能考察一个人的业务水平，也可以直接考察面试者的口才和应变能力，所以许多汽车 4S 店对这种方式相当认可和重视。

面试礼仪的培训能帮助应聘者少走弯路，更好地展现自己的优势，以便顺利地找到适合自己的工作。因此，学会面试礼仪，掌握面试的技巧是学生入学开始就应重视的课题。

面试按照先后顺序分为准备阶段，进行阶段和结束阶段 3 部分。

8.1 面试准备阶段礼仪

面试准备阶段包括制作简历、准备相关资料及了解用人单位情况等。大学生在应聘面试之前要了解人才市场行情，掌握求职时机，准确估量自己的实力，掌握用人单位的基本情况，在此基础之上，写好求职信，准备好简历和相关资料等。同时，还要做好面试前仪容和服装准备，更重要的是做好求职心态的准备。

8.1.1 求职心理素质要求

要保证求职顺利，树立正确的求职观念，克服容易出现的错误，以良好的心态踏上求职路是很重要的。在求职心态方面，首先要培养良好的心理素质，这样在求职过程中，才能将自己的水平很好地发挥出来。

大学生要具备良好的心理素质，即沉着、镇定、自信。营销服务人员每天都要面对陌生的顾客，具备良好的心理素质是做好销售工作的必要条件。

1. 良好的心理素质

大学生要注重培养健康的心理，掌握调节心理的方法，不断提升自己的社会适应能力、灵活应变能力、抗挫折能力等，也要进行充分的知识技能储备、社会实践经验的积累等。准备得越充分，心态调整得越好，自信心就会越强，临场发挥也就越好。

当然，要想从根本上消除紧张心理，平时就要注意掌握适合自己的心理调节的方法。例如，当你感到有压力时，一要分析压力来自何方；二要知道如何解压；三要认识自我。

大学生在求职过程中要自信地应对面试，就必须对自己有清醒的认识。应分析压力来自何方，做好心理调整，建立信心。要选择与自己的兴趣相符的工作环境，熟悉与应聘岗位相关的专业知识和技能。

2. 关于自我认知

人一生的学习过程，就是一个不断认识自我的过程。如老子所说："知人者智，自知者明；胜人者有力，自胜者强。"要清醒地认识自己的性格特点，以及自己的优缺点。对于工作，要判断自己是否适合，不要盲目应聘。在生活中能够看清并且面对自身的不足，能够不断地调整自己，战胜自己，最终实现自己，才是真正的强者。

细节决定成败，细节工作看似简单、烦琐，但细节的力量不容忽视。再远大的理想也需要一步一个脚印地付出。一个合格的职场人，要注意的细节很多，包括个人形象、相关的职业素养等。

3. 认清就业现实

在正确的自我认知的基础上，还要认清就业现实。

万丈高楼平地起。作为一名大学生，首先要树立从基层做起的观念，有从蓝领做起的就业心态与打算，不要眼高手低，不要错失良机。如果要自己打拼创业，就更要一步一个脚印，不断积累工作经验。

正确的求职心态应当是：多方寻找机会，不断地尝试，不害怕失败，不断地总结经验教训，保持自信心，"眼睛向下，从基层做起"，先锻炼自己，积累经验，保证基本生活，不断调整自己，缩小理想和现实之间的差距。当然，要避免好高骛远、自不量力、降格以求。

4. 职场定律

有人总结出以下职场定律，可以帮助我们更好地塑造自己，成功走向工作岗位。

① 自信——隐藏的资本。

② 宽容——融洽的通道。

③ 坚忍——时间会证明一切。

④ 称赞——自己也会得到称赞。

⑤ 敏锐——必须时刻提高警惕。

⑥ 热情——好似阳光普照。

⑦ 信任——需要宏观视野。

⑧ 真诚——许多困难不复存在。

⑨ 尊重——相互回应的法宝。

⑩ 踏实——一步一个脚印。

以上简单介绍了求职的心理素质要求，在具体学习工作中，会涉及更多的内容，需要我们自己去发现和挖掘。

📄 知识链接

一个快乐而貌似成功的人与一个忧郁而貌似倒霉不顺的人根本的区别就是"自信"。你相信自己，你的能量便会以出人意料的方式磅礴爆发，如果连你自己都不相信自己，你还渴望别人去相信你吗？

美国著名心理学家基恩，小时候经历过一件让他终生难忘的事，正是这件事使得基恩从自卑走向了自信，也正是这种自信，使他一步步走向成功。

有一次，他躲在公园的角落里偷偷看几个白人小孩在快乐地玩儿，他很美慕他们，也很想与他们一起玩游戏，但他不敢，因为自己是一个黑人小孩，心里很自卑。

这时，一位卖气球的老人举着一大把气球进了公园，白人孩子一窝蜂地跑了过去，每人买了一个，高高兴兴地把气球放飞到空中去。

白人小孩走了以后，他才胆怯地走到老人面前，低声请求："你可以卖一个气球给我吗？"老人慈祥地看着他说："当然，你要一个什么颜色的？"

他鼓起勇气说："我要一个黑色的。"老人给了他一个黑色的气球。他接过气球，小手一松，黑色气球慢慢地升上了天空……

老人一边眯着眼睛看着气球上升，一边用手轻轻拍着他的后脑勺说："记住，气球能不能升起来，不是因为颜色、形状，而是因为气球内充满了氢气。"一个人的成败不是因为种族和出身，关键是有没有自信。

8.1.2 准备简历及相关资料

1. 抛砖引玉的求职信

求职第一步，有时要先投递求职信。求职信是自我描绘的立体画像，是简历的前奏，要引起招聘者的注意，争取面试机会。但不同的是，简历是针对特定的工作岗位写的，求职信是针对特定的人写的，目的是要引起人事经理的注意，留下良好的第一印象。

求职信的格式和一般信件的格式一致，一般由3个部分组成：开头、主体和结尾。

开头：称呼和引言。称呼要恰当、引人注目，突出自己最有说服力的地方，尽量引起对方有兴趣看完你的材料，并说明应聘缘由和目的。

主体：简明扼要并有针对性地阐述自己的简历内容，突出自己的特点，并努力使自己的描述与职位要求一致，切勿夸大其词。

结尾：做到令人回味，把你想得到工作的迫切心情表达出来，语气要热情、诚恳。

求职信的目的一般想吸引雇主翻阅你的简历等自荐材料。一般不要写得过长，要突出自己的特点，有重点地说明对岗位的兴趣或想面谈的原因即可，一般一两段或一页纸足够。

在写求职信和简历之前，在内容上需考虑以下问题。

① 未来的雇主需要的是什么？

② 你的职业目标是什么？

③ 你能为单位做些什么？

④ 你的优势是什么，如何把你的经历与岗位挂钩？

⑤ 你为什么想为此单位服务？

在写求职信时语言表达上要注意以下几个方面。

① 态度诚恳，措辞得当，用语委婉而不隐晦，恭敬而不拍马，自信而不自大。

② 实事求是，言之有物，自己的优点要突出，但不可夸大其词，弄虚作假。

③ 言简意赅，重点突出，条理清楚，切忌长篇大论。

④ 富有个性，不落俗套，如可以谈谈自己对行业前景的展望、对市场的分析，或提出些建设性意见。

2. 成功的一半——简历

简历的内容是你的具体情况，也是企业最关心的部分。不同于求职信，简历更注重的是内容。简历的形式各种各样，因人而异，既要符合基本规范，又要有个性特点。

简历一般包括：抬头、简介、学业学习、教育背景、社会实习经历等。

简历是一门艺术，既要简洁明了，突出重点，强调自己的技能和特点，传递有效信息，又要与众不同，适当运用专业术语，充分体现自己的勇气和信心。

作为职场新人，你需要在展示情商、潜力、动力、能力和精力方面付出特别努力。

大学生可根据应聘单位的要求及自己的特点有的放矢，一定要站在对方的角度考虑问题，重点突出与所应聘单位及职位相关的经验与技能。例如，强调可量化因素和你在学校担任的领导角色，或参加的演讲会、辩论会甚至汽博会等大型社交活动，向招聘人员展示你是个机智聪明、开朗活泼、乐于交往和善于言谈的人，能够胜任营销工作。可能你具有广泛的兴趣爱好，甚至拥有不少的证书，但这并不一定是你在此次应聘中所要强调的重点，所写的重点一定要与用人单位的需求相符，让招聘者可以在简短的时间内看到有效的资料。

3. 相关资料

（1）准备应聘资料遵循的原则

大学生准备应聘资料应遵循的原则是实事求是、客观公正地反映自身情况。资料撰写要求条理清晰、内容完整。然后，打印装订成册，准备应聘中使用。

（2）应聘资料的内容

应聘资料包括：自荐书、自我总结（视具体情况而定）、应届毕业生个人基本情况、推荐表、成绩单、证书、自我评价、在校期间任职情况、社会实践和实习情况、在校期间成果情况（获得证书情况）、个人专长、求职意向。

8.1.3　用人单位资料

1. 了解单位的需求

汽车营销专业的学生在应聘时，还要尽可能深入了解厂家或 4S 店的汽车品牌、性能、风格以及所适应的人群，这样才能有的放矢地推销自己；充分了解应聘单位的性质、地址、业务范围、经营业绩、发展前景等；了解应聘的具体岗位、职责及所需的专业知识和技能等；如果是正规的大公司，还要了解公司宗旨、企业文化、企业精神等。尽量了解面试的有关情况包括其面试方式、时间和地点安排，并做相应的准备。

2. 获取相关资料

汽车营销专业的学生在应聘前要尽量搜集相关资料，可根据这些资料联想一些面试官会问到的问题，这样有利于在进入面试考场后能够有方向地回答问题，也可以有针对性地展示自己的能力。

3. 了解企业文化及其营销理念

企业方面的资料，以及企业营销方面的资讯，需要平时不断地积累。

平时应多读书，多了解企业文化及营销理念。傅雷编著的《世界五百强的顶尖营销理念》一书是这样介绍的：成功的企业必有成功的独到之处，其中可能包括成功的企业文化、成功的管理理念、成功的产品等。但无论如何，当今时代的成功企业，都必须有成功的策略或营销模式。中国加入世界贸易组织之后，对整个市场冲击最大的是市场营销模式。尽可能多地了解成功企业的营销模式，对于求职面试以及今后的营销工作都是有很大好处的。该书中还列举了一些企业定位的营销理念：

大众汽车（Volkswapen）——用户的愿望高于一切

菲亚特（Fiat）——安全为王

希尔顿集团（Hilton）——一流设施，一流微笑

福特汽车（Ford Motor）——消费者是我们的中心所在

标致（Peugeot）——销售在后，服务在前

皇家壳牌石油（Royal Shell Group）——环保为主

这些精辟的语言，形象地展示了企业的文化及营销理念，值得深入体会。

8.1.4　面试仪容服装

莎士比亚说："一个人的穿着打扮，就是他的教养、品位和地位的真实写照。适合你的着装才是品味和时尚。"

良好的仪表犹如一支美丽的乐曲，它不仅能够给自己带来自信，也能给别人带来审美愉悦；既符合自己的心意，又能感染别人，使你信心十足。

礼貌的妆容要遵循 3W 原则，即 When（什么时间）、Where（什么场合）、What（做什么）。

正确的礼仪着装之道，体现为 4 个原则：体现身份、扬长避短、注意场合、严守规范。

大学生在面试前要做好仪表仪容的礼仪准备。得体的仪容仪表是一个人素养的外在表现。得体的打扮不仅体现求职者朝气蓬勃的精神面貌，也可以表达求职者的诚意以及修养。我们还注意到目前 4S 店汽车营销岗位对汽车营销人员的仪容仪表的要求很高，在面试时仪容仪表往往又能够左右招聘者的第一印象。因此，在面试前应注意自己的着装打扮，给人以整洁、大方、朝气蓬勃的感觉。切忌衣着不整、蓬头垢面，或者过于超前的服装，这些都会给对方造成不良的印象，影响面试效果。

1.　面试前仪容的修饰

一个人可以不美丽，但不可以不干净。整洁是一个人素质的体现，也是尊重自己、尊重他人的体现。

（1）男同学仪容规范要求

男同学面试前要将头发洗干净，无头皮屑，且梳理整齐。不染发，不留长发，头发长短以不盖耳、不触衣领为宜。还要注意在面试前修面剃须，使面部保持清洁，眼角不可留有分泌物；如果戴眼镜，应保持镜片的清洁；保持口腔清洁，不吃有异味的食品，不饮酒或含有酒精的饮料；保持鼻孔清洁；面试前还要注意手部清洁，要养成勤洗手勤剪指甲的良好习惯。

（2）女同学仪容规范要求

女同学面试前也要将头发洗干净，无头皮屑，长发要挽起并用发夹固定在脑后；短发要合拢在耳后。女同学面部除保持清洁，眼角不可留有分泌物之外，还要求化淡妆，以淡雅、清新、自然的妆容面对考官；给人以清新的感觉，不使用香味过浓的香水；保持手部的清洁，指甲不得长于 2 mm，可适当涂无色指甲油；保持口腔清洁，不吃有异味的食品。

2.　面试前着装规范

要遵循着装的 TPO 原则，它是世界通行的着装打扮的最基本原则。它要求人们的服饰应以和谐为美，即要求着装与自身条件相适应，与职业、场合、目的、对象相协调。

（1）男同学着装规范

西装是首选，质地和品质是身份的象征，款式和颜色要低调。西服、领带上不得佩戴装饰性很强的装饰物、标记或吉祥物；手腕部除手表外最好无其他装饰物；服装及领带要熨烫整齐，不得有污损；领带长度以刚好盖住皮带扣为宜；衬衫袖口的长度以超出西装袖口 1 cm 为宜，袖口须扣上，衬衫下摆须束在裤内；西裤裤脚的长度以穿鞋后距地面 1 cm 为宜；系黑色皮带，穿深黑、深蓝或深灰色袜；着黑色皮鞋，皮鞋要保持光亮。

（2）女同学着装规范

女同学着装要注意款式风格与颜色色调，佩戴饰物要谨慎。穿套裙或套装（穿套裙时，必须穿连裤丝袜，不要穿着挑丝、有洞或补过的袜子，颜色以肤色为宜，忌光脚穿鞋）；项链应放在衣服内，不可外露；不得佩戴装饰性很强的装饰物；佩戴耳环数量不得超过一对，式样以素色耳针为主；手腕部除手表外不得有其他装饰物；手指不能佩戴造型奇异的戒指，若佩戴戒指，数量不超过一枚；衬衫下摆须束在裙内或裤内；服装要熨烫整齐，不得有污损；着黑色中跟皮鞋，不得穿露趾鞋和休闲鞋。

知识链接

琳达是一位女推销员，以前一直在美国北部工作，喜欢穿一身深色的西服套装，拎一个很中性的皮包。后来由于工作调动，来到了阳光明媚的南加州，仍做推销工作。她还和以往一样穿着、工作，但业绩平平，总是不够理想。后来经人提醒，她才知道自己的穿着让人感到沉重和压抑，于是她改穿浅色的套装，换了个女性化的皮包，看上去更有活力和亲切感。没想到，这一简单的着装改变，竟然使她的业绩提高了20%。

请思考：你准备给自己选择怎样的既适合面试又不失个性的着装？

8.2　面试进行阶段礼仪

面试进行阶段是真正实战的环节，面试官能从这个环节看出求职者的真正水平以及他是否适合该职位，是对求职者的整体素质、专业知识和技能及仪容仪态仪表的综合考察。

在面谈中，面试官对求职者的了解，语言交流只占30%，眼神交流和面试者的气质、形象、身体语言占了绝大部分。所以求职者在面试时不但要注意自己的言谈举止、仪容仪表，而且要注意细节体现，不可不拘小节。

知识链接

北京现代汽车公司要招一名汽车业务员。前来报名的应聘者中人才济济，而且大部分学历很高。

张恒仅是一名专科生，因为匆忙从实习厂赶到应聘点，没能及时换下粗布工作服。按照常规，他的表现不如其他人，但没有想到反而被通知录用了，他简直不敢相信自己的耳朵。

原来面试官们决定选用小张，正是因为他一进门，见到陈列室里的汽车，就情不自禁地说："说真的，这车太棒了，我从心里就想把这车卖出去！"

正是他的热情打动了主考官。

请思考：请根据你个人的情况，拟订一个求职面试的要点及注意事项。

如今，每个公司都把员工是否懂得和能够运用基本礼仪，看作该员工自身素质的体现，同时还折射出该员工所在公司的企业文化水平和经营管理境界。因此，无论是对于外界还是对于企业本身，礼仪都是衡量职业化行为的一个最基本标准。

8.2.1 面试礼仪基本要求

1. 守时、守信

面试准时到达非常重要，这是一个人诚信素质的体现，也是对一个人时间观念的侧面考察。最好提前 15min 到达面试地点，以表达求职者的诚意，给对方以信任感。同时，也可调整自己的心态，做一些简单的仪容仪表准备，以免仓促上阵，手忙脚乱。为了做到这一点，一定要牢记面试的时间地点，有条件的最好能提前去考察一下，这样可以观察熟悉环境，也便于掌握路程往返时间，以免因一时找不到地方或途中延误而迟到。假如不能实地考察，就一定要提前出发，留出充裕的时间，保证万无一失。如果迟到，肯定会给招聘者留下不好的印象，甚至会丧失面试的机会。

诚实守信，是当今社交中必备的个人品质。"大丈夫一诺千金"也是最令人尊重的品质。言而有信得到的不仅仅是尊重，更是一项重要的感情储蓄。在商业社会中，信用具有无上的价值。诚信不仅是做人的基本准则，也是商业社会的基本准则。因此，这也是应聘者首先要做到的。

2. 等待面试时的表现

要记住，面试时的任何一个环节，都有可能是用人单位考察你的时机，越是懂得用人识人的人，越是善于从细节出发考察人。所以，要对接待人员以礼相待，等待面试时的表现不容忽视。

进入公司前台，要把到访的主题、有无约定、访问者的名字和自己名字报上。到达面试地点后应在等候室耐心等候，并保持安静及正确的坐姿。若准备了公司的介绍材料，应仔细阅读以熟知其情况，也可温习一下自己准备的资料。要坚决避免的是：在接待室偶遇朋友或熟人，就旁若无人地大声说话，嬉闹，吃口香糖，抽香烟，玩手机。

3. 调节紧张情绪

面试前要注意肌肉松弛、保持自信的笑容，看着对方的眼睛，自信地回答问题。这需要平时就练好基本功，做到胸有成竹，面试前鼓励或暗示自己"我能行"。在面试应聘时注意"控制谈话节奏"，也是消除紧张的一种方法。

进入考场后，假如感到紧张就先不要急于讲话，而应集中精力听完提问，再从容应答。人们精神紧张时讲话速度会不自觉地加快，给人一种慌张的感觉，甚至容易出错，导致思维混乱。当然，讲话速度过慢，缺乏激情，气氛沉闷，也是不妥的。

保持一颗"平常心"，面对问题，从容应答，把自己的水平正常发挥出来即可。

4. 注意使用手机的礼节

面试时一定要关机，遵守使用手机的礼节。

信息时代手机已经成为社交通信的重要工具。但很多人忽视手机的使用礼节。手机使用礼节最重要的是：在给自己带来方便的同时，不妨碍他人。作为商务人员，选用手机的个性彩铃也要注意符合身份、场合，以严肃示人，避免使用搞笑铃声。

在求职面试过程中，最好将手机调为震动。在面试中与面试官交谈时，最好是关机，表示你对面试的重视以及对面试官的尊重。若在这种场合手机铃声不断，并不能反映你"业务忙"，反而会显得你缺少修养。

5．把握进入面试场合时机

如果没有人通知，即使前面一个人已经面试结束，也应该在门外耐心等待，不要擅自走进面试房间。待自己的名字被喊到后，有力地答一声"是"，然后再敲门进入，敲两三下是较为标准的。敲门时千万不可敲得太用力，以里面听得见的力度为宜，听到里面说"请进"后，要回答"打扰了"，再进入房间。开门关门尽量要轻，进门后不要背手随手将门关上，应转过身去正对着门，用手轻轻将门合上。回过身来将上半身前倾30°左右，向面试官鞠躬行礼，面带微笑主动向面试官问候一声："你好！"。动作要彬彬有礼、大方得体，不要过分殷勤、拘谨或过分谦让。在面试官没有请面试者坐下时，切勿急于落座。同意落座后，要说"谢谢"。坐下后保持良好的体态，切忌大大咧咧，左顾右盼，这样会引起面试官反感。

6．要始终面带微笑

愉快真诚的微笑首先是一种信息的传递，会使你处处受欢迎。因为微笑会使你充满温暖，而每个人都乐于与和气、快乐的人一起共事。应该表现出自己的热情，但不要表现得太过分。

微笑的表情要有亲和力。自然的微笑也是自信的体现，会增进与面试官的沟通交流，留下良好的第一印象。不要板着面孔，苦着一张脸。听对方说话时，要适时点头，表示自己听明白了，或正在注意听。同时也要不时面带微笑，当然也不宜笑得太僵硬，一切都要顺其自然。表情呆板、大大咧咧、扭扭捏捏、矫揉造作，都会破坏自然的美。

7．不要贸然和对方握手

面试时，握手是最重要的一种身体语言。专业化的握手能创造出平等、信任的和谐氛围。

握手的原则是"尊者为先"。所以，应在面试官的手朝你伸过来之后再伸手，要保证你的整个手臂呈 L 形（90°），有力地摇两下，然后把手自然地放下。握手应该坚实有力，有"感染力"。双眼要直视对方，自信地说出自己的名字，即使是女同学，也要表示出坚定的态度，但不要太使劲，更不要使劲摇晃。不要用双手，用这种方式握手在西方公司看来不够专业。手应当是干燥、温暖的。当然，如果面试官不主动示意握手，就不能贸然上去握手，那是不礼貌的表现。

8．得体地自我介绍

自我介绍时，首先递上本人的简历资料再做介绍，介绍的时间要简短，内容要完整（学校、年级、专业和姓名）。汽车营销专业的学生自我介绍时要尽量做到：充满自信，这样才有魅力；举止大方，适当运用幽默；语言表述简练，介绍主题鲜明，努力做到自尊自谦，有礼有节；介绍的内容有针对性，重点突出、条理清楚，既不过于自夸，同时还要注意对缺点点到为止。

8.2.2　面试时应答语言礼仪

得体的谈吐是面试者向用人单位展示自己的最好手段。

面试语言是一门综合艺术，包含着丰富的内涵。如果说外部形象是面试的第一张名片，那么语言就是第二张名片，它客观反映了一个人的文化素质和内涵修养。谦虚、诚恳、自然、亲和、自信的谈话态度会让你在任何场合都受到欢迎。动人的公关语言、艺术性的口才将帮助你获得成功。如前文谈到的自我介绍，其中语言的运用表达就很重要。

1. 面试应答的注意事项

① 听清题目及要求，说好第一句话。
② 保持轻松自如，冷静、沉着应对。
③ 自然的表情、平和的心态。
④ 善于思考、争取主动，诚实坦率。
⑤ 恰当提问，言语适度。
⑥ 不轻易补充对方、不随意更正对方。
⑦ 忌贬低他人、狂妄自大、滔滔不绝、喧宾夺主。
⑧ 认真聆听，不要随意插话、打断对方。

2. 求职面试中的语言表达应注意事项

① 口齿清晰，语言流利，文雅大方。交谈时要注意发音准确，吐字清晰。忌用口头禅，更不能有不文明的语言。

② 语气平和，语调恰当，音量适中。面试时要注意语言、语调、语气的正确运用。音量的大小要根据面试现场情况而定，以每个主考官都能听清你的讲话为原则。

③ 语言要含蓄、机智、幽默。适时插进幽默的语言，会增加轻松愉快的气氛。尤其当遇到难题时，机智幽默的语言，有助于化险为夷，并给人以良好的印象。

3. 求职面试中应答技巧

（1）把握重点
要简洁明了，条理清楚，有理有据。

（2）明确具体
面试官提问总是想了解一些应聘者的具体情况，切不可简单地仅以"是""否"作答。针对所提问题，应尽量做出明确而具体的解答。

（3）个性鲜明
面试官要接待许多应试者，会有乏味、枯燥之感。只有具有独到的个人见解、个人特色或创新思想的回答，才会引起面试官的兴趣和注意。

（4）诚实坦率
面试中遇到自己不会的问题时，不要冷场或是不懂装懂，可将问题复述一遍，并先谈自己对这一问题的理解，请教对方以确认内容。或者诚恳坦率地承认自己的不足之处，反倒会赢得面试官的信任和好感。

（5）随机应变
为了检验考生的实际工作能力，面试中往往设置"情景"试题，或故意出难题，以测试考生的个性特征、办事效率和应变能力。有时面试官的问题看似简单，其实另有用意，所以要参透对方意图，随机应变。

8.2.3　面试仪态举止礼仪

在整个面试过程中，仪态举止要保持端庄大方，谈吐应谦虚谨慎，态度应积极热情。如果面试官有两位以上时，回答谁的问题，目光就应注视谁，并应适时地环顾其他面试官以表示自己对他们的尊重。递资料时要大方得体：双手递上，以示尊敬。谈话时，眼睛要适时地注意对方，不要东张西望，不要眼皮下垂，显得缺乏自信。面试时，招聘单位对你的第一印象最重要。你要仪态大方得体，举止温文尔雅。

1.　仪态举止

仪态举止是指一个人的仪容和外表的总和。它是人精神面貌的外现（第一印象）。求职面试言谈讲究谨慎多思、朴实文雅，举止讲究优雅大方。高雅的气质更能令人"一见钟情"。

2.　仪态端庄的礼仪之道

（1）仪态文明

要有修养，讲文明，懂礼貌。

（2）仪态自然

要规范端庄，大方实在，不装腔作势。

（3）仪态美观

这是高层次要求，优雅脱俗能给人留下美好印象。

（4）仪态敬人

通过良好的仪态，可体现敬人之意。

3.　面试仪态形象礼仪

（1）气质高雅、风度潇洒

在人际交往中，人们常常用"气质很好"来评价他人，然而，什么是"气质"？这很难回答。从心理学的角度来看，一个人的言谈举止反映的是他（她）的内在修养，比如一个人的个性、价值取向、气质、所学专业。不同类型的人会表现出不一样的行为习惯。许多用人单位在面试中通过对应聘者言谈举止的观察，来了解他们的内在气质修养，并以此来确定其是否是自己需要的人选。面试能否成功，常常是在应聘者不经意间决定的。

加州大学洛杉矶分校的一项研究表明，一个人给他人留下的印象，7%取决于用词，38%取决于音质，55%取决于非语言交流。我们可以把气质归为非语言交流，其重要性可想而知。

（2）无声胜有声的形体语言

除了讲话以外，无声语言是重要的公关手段，主要有：手势语、目光语、身势语、面部语、服饰语等。其次是通过姿态、神情、动作来表达情意，它们在交往中起着有声语言无法比拟的效果，是职业形象的更高境界。

形体语言对面试成功非常关键，有时一个眼神或者手势都会影响整体评分。比如适当的微笑，能显现出一个人的乐观、豁达、自信；服饰着装的大方得体、不俗不妖，能反映出应聘者风华正茂，有知识、有修养、青春活泼，独具魅力。它可以在面试官眼中形成一道绚丽的风景，增强你的求职竞争力。主要的形体语言有以下几种。

① 手势。适度恰当的手势，主要包括表示关注的手势、表示开放的手势、表示有把握的

手势和表示强调的手势。

a. 表示关注的手势

在与他人交谈时，一定要对对方的谈话表示关注，要表示出你在聚精会神地听。对方在感到自己的谈话被人关注和理解后，才能愉快专心地听取你的谈话，并对你产生好感。一般表示关注的手势是：把双手交叉，身体前倾。

b. 表示开放的手势

这种手势表示你愿意与听者接近并建立联系。它能让人感到你的热情与自信，并让人觉得你对所谈问题已是胸有成竹。这种手势的做法是手心向上，两手向前伸出，手要与腹部等高。

c. 表示有把握的手势

如果你想表现出对所述主题的把握，可先将一只手伸向前，掌心向下，然后从左向右做一个大的环绕动作，就好像用手覆盖着所要表达的主题。

d. 表示强调的手势

如果要吸引听者的注意或强调很重要的一点，可把食指和大拇指捏在一起，以示强调。

② 眼神。眼睛是心灵的窗户。真诚、支持、友爱的目光可以跨越任何障碍，把人与人的关系拉得很近。在人类的活动中，用眼睛来表达的方式和内容是如此丰富、含蓄、微妙和广泛，眼神的力量远远超出我们用语言可以表达的内容。可以说，一个不能用眼神、目光交流的人不会是一个高效的交流者。

面试一开始就要留心自己的身体语言，特别是自己的眼神。对面试官应全神贯注，目光始终聚焦在面试人员身上，在不言之中展现出自信及尊重对方。

眼睛是心灵的窗户，它是人体传递信息最有效的工具，能表达出人们最细微、最精妙的内心情思。从一个人的眼神中，往往能看到他的内心世界。恰当的眼神能体现出智慧、自信以及对公司的向往和热情。

注意眼神的交流，这不仅是相互尊重的表示，也可以更好地获取一些信息，与面试官的动作达成默契。

正确的眼神表达应该是：礼貌地正视对方，注视的部位最好是面试官的鼻眼三角区（社交区）；目光平而有神，专注而不呆板；如果有几个面试官在场，说话的时候要适当用目光扫视一下其他人，以示尊重。有的人在回答问题时眼睛不知道往哪儿看，目光不定的人，会使人感到不诚实；眼睛下垂的人，会给人一种缺乏自信的感觉；两眼直盯着提问者，会被误解为向他挑战，给人以桀骜不驯的感觉。如果面试时把目光集中在对方的额头上，既可以给对方以诚恳、自信的印象，也可以鼓舞自己、消除自己的紧张情绪。

③ 微笑。就表情来说，在生活中最能表示好感、尊重他人的一种表情就是微笑。笑容是一种令人感到愉快的面部表情，它可以缩短人与人之间的心理距离，为深入沟通交往创造温馨和谐的气氛。因此有人把笑容比作人际交往的润滑剂。在笑容中，微笑最自然大方，最真诚友善。在服务岗位上，微笑更是可以创造一种和谐融洽的气氛，让服务对象倍感愉快和温暖。

微笑可以表现出一个人心境良好，充满自信，真诚友善，乐业敬业。

微笑的力量是巨大的，但要笑得恰到好处也是不容易的。微笑是一门学问，也是一门艺术。真正的微笑应发自内心，渗透着自己的情感，自然大方，表里如一，这样的微笑才有感染力，才能被视作"参与社交的通行证"。

④ "可是这里并没有椅子啊？"直截了当地说出来。

⑤ 直接走出办公室，去找一把椅子进来。

测试结果：

（1）选择第一种方法。

工作当中你有很好的适应性，不发表惊人的言论，领导能力较差，只适合计算、看管等机械性的工作。

（2）选择第二种方法。

你的反应和一般人不一样，你虽然认真地把对方要求的不合理之处指出，但是你同时也考虑到了对方（上司）的立场，属开拓型领导人才。

（3）选择第四种方法。

你适合做业务员和推销员，有积极的推销才能，性格坚韧，勇于向目标挑战。

（4）选择第五种方法。

你的反应非常特殊，你的言语行为是在时代最前端的，你的猜测力很强，但会比常人多管闲事。

8.2.4 面试禁忌

1. 忌与旁人唠叨。在接待室恰巧遇到朋友或熟人，就旁若无人地大声说话或嬉闹，对刚才面试的过程大肆渲染，这是极其不礼貌的表现。而实际上面试官也在暗中观察面试者的其他表现。因此，要特别注意这种行为。

2. 忌面试时的小动作。如折纸、转笔、玩弄衣袋或发辫、身体摇摆或抖动等，这样会很不严肃，分散对方注意力。不要乱摸头发、胡子、耳朵，这可能被理解为你在面试前没做好个人卫生。用手捂嘴说话是一种紧张的表现，应尽量避免。

3. 忌犹豫不决。求职者应聘时表现出举棋不定的态度是不明智的。这样容易让招聘者有更多的选择机会，也容易让面试官感到面试者缺乏必要的诚意，是个信心不足的人，甚至怀疑其工作作风与实际能力。

4. 忌"亲友团""情侣档"的陪同。面试时，莫让他人陪同入场。有的求职者面试时，习惯带上同学或亲戚前往，以消除紧张或给自己当"参谋"。其实这种做法对求职者是不利的。他人在场会使面试尴尬，也会给面试官留下缺乏自信心、独立性不强的印象，容易遭到淘汰。

8.3 面试结束阶段礼仪

面试结束阶段主要是回顾和总结经验以及调整心态。面试不是闲聊，也不是谈判，是陌生人之间的一种沟通。应聘者应灵敏机警且善解人意，谈话时间长短要由面试内容而定。招聘者认为该结束面试时，往往会说一些暗示的话语，如"很感谢你对我们公司这项工作的关注""感谢你对我们招聘工作的关心""我们做出决定一定会通知你"等。求职者在听到诸

4．肢体语言的运用之道

心理学家认为，不管一个人如何巧舌如簧，他的身体是不会说谎的。在面试应聘时，要注意观察对方的肢体语言。

① 眯着眼表示不同意、不欣赏或厌恶。

② 身子向前倾则表示注意或感兴趣。

③ 扭绞双手表示紧张或不安。

④ 坐不安稳表示不安、厌烦、紧张或提高警觉。

⑤ 环抱双臂表示不同意、不欣赏、愤怒或防御。

⑥ 搔头表示迷惑或不相信。

⑦ 正视对方表示友善、诚恳、自信、有安全感。

⑧ 轻拍肩背表示鼓励、恭喜或安慰。

5．空间礼仪

空间是指人们在交往时，因彼此关系不同、环境不同，而体现出的彼此的距离的不同。我们平时会有这样的经验，如果你和客人面对面谈话，他靠近你到一定的距离的时候，你会产生十分不适应的感觉，会心生厌烦，不自觉地后退，这就是所谓的空间效应。这种效应是一种自然的天性，在生物界中，很多动物都有自己划定的领域，不准其他动物侵犯，即同样的道理。

① 亲密距离：0～15 cm，是个"亲密无间"的距离。

远位亲近距离：15～46 cm，可以肩并肩、手挽手的距离。

② 私人距离：46～76 cm，稍伸手可及，适合亲密握手，有亲切感。

远位私人距离：76～122 cm，双方都把手伸直可及，还有可能亲密接触，开放性较大。总之，这是个很有"分寸感"的交往空间，亲人、熟人都可随意进入这个空间。

③ 社交距离：近位，1.22～2.13 m；远位，2.13～6.1 m。这是一种社交性的，较正式的人际关系距离。

④ 公众距离：产生空间势力圈意识的最大距离。做报告、讲课、表演等时的距离都属此范围。这个距离是彼此互不熟识的人之间的距离，霍尔博士对此的定义是 3.6～7.5 m。

公众距离的远距离范围在 7.6 m 之外，这是一个几乎能容纳一切人的开放空间，人们在这一空间内，完全可以对其他人"视而不见"，不予交往，因为相互之间可以没有任何联系。

总之，在生活和社交中，我们应该秉持尊重他人的态度来保持一定的距离，避免不自觉地"侵犯他人领域"的情况发生。

测试你潜在的能力和适合的职业

你去一家大的公司面试，当事人忙着手头的文件，叫你先坐下，可发现办公室里没有椅子，这时你会怎么办？

① 规规矩矩地站在一旁，一直等到面试者办完事再说。

② 很有礼貌地对面试者说："对不起，先生，这儿并没有椅子。"

③ 先答应："好的！"然后就手足无措地呆立在一旁。

如此类的暗示之后，就应该主动告辞，告辞时应该感谢对方肯花费时间在自己身上。

不论是否如愿被顺利录取，得到梦寐以求的工作机会，或者只是得到一个模棱两可的答复："这样吧，××先生 / 小姐，我们还要进一步考虑你和其他候选人的情况，如果有进一步的消息，我们会及时通知你的。"我们都要注意礼貌相待，用平常心对待用人单位，许多跨国公司经常是经过两三轮面试之后才知道最后几个候选人是谁，再做最后的综合评估。

8.3.1　面试结束的告别礼仪

与面试官最好以握手的方式道别。离开面试房间时，应该把刚才坐的椅子扶正到刚进门时的位置，再次致谢后出门。

在面试结束阶段，根据不同情况，应做出不同的反应。

1. 当时被录用时

不要过分惊喜，首先表达诚挚的谢意，并希望在今后的工作中合作愉快，共创辉煌的业绩。

2. 当时没被录用时

不要气馁，表示获益匪浅，并希望今后如有机会再合作；不要哀求或强行推销自己，应面带笑容，真心感谢，不失体面。

3. 暂时不知道结果时

应再次强调对这份工作的热情和兴趣，同时感谢对方给自己这次机会，也要感谢对方能在百忙之中抽出时间与自己交谈。

8.3.2　面试后的总结

面试很难一次成功，所以面试之后，要保持平常心，既不过分苛求结果，又不对自己丧失信心。即使知道失败了，也要平静地对本次经历做一下回顾和总结，为以后的求职面试积累经验。

在人生的旅途中，即使面对风浪与挫折，也能够不断总结经验，不断自我反思改进提升，这样的人一定会一步步走向成功。

1. 面试后的回顾

自测一下，看自己能打多少分。分析评价自己，如在外在形象、仪容仪表、知识水平、内在素质等方面重新评价一次，找到不足，今后改进，或者下一次尽量扬长避短，确保成功。

2. 耐心等候结果

不要过早去打听面试结果，一定要耐心等候。过了约定的时间还没等到通知，就说明落选了。等候时千万不要打电话去询问，那样会打扰对方，令对方反感。

3. 全力备战下一次

面试回来，须整理好自己紧张兴奋的心情，要明白这只是一次经历、一个阶段。如果自己同时向几家公司求职，就必须全身心地投入到下一家面试中去。这是因为，在没有任何一家公司录用自己之前，不应该放弃任何机会，反而是应该尽可能多地去争取机会。

在不断的面试中，不断地总结经验，不断地反思自我的不足，不断地改进，这样做本身就是一种收获与进步，下次就一定会更好。

本章小结

本章通过对求职面试礼仪的介绍，详细说明了面试准备阶段礼仪、面试进行阶段礼仪及面试结束阶段礼仪的规范要求。

面试准备阶段礼仪主要介绍了心理素质要求、简历及相关资料、用人单位资料、面试妆容服装。

面试进行阶段礼仪主要介绍了面试礼仪基本要求、面试时应答语言礼仪、面试仪态举止礼仪及面试禁忌。

面试结束阶段礼仪主要介绍了面试结束的告别礼仪和面试后的总结。

通过学习，应学会面对问题、不断反思、自我调整、不断进步，以提升自身素质，塑造自我形象。

实训与练习

一、填空题

1．面试准备阶段包括_____、_____和_____等。

2．应遵循着装的_____原则，它是世界通行的着装打扮的最基本原则。

3．面试_____非常重要，这是一个人诚信素质的体现。

4．面试一开始就要留心自己的身体语言，特别是自己的_____。

5．离开面试房间时，应该把_____扶正到刚进门时的位置，再次致谢后出门。

二、判断题

1．求职信的内容是说明你的具体情况，也是企业最关心的部分。（　　　）

2．远位亲近距离：46～76cm，可以肩并肩、手挽手的距离。（　　　）

3．加州大学洛杉矶分校的一项研究表明，一个人给他人留下的印象，18%取决于用词，27%取决于音质，55%取决于非语言交流。（　　　）

4．公众距离：产生空间势力圈意识的最大距离。这个距离是彼此互不熟识的人之间的距离，霍尔博士对其的定义是3.6～7.5 m。（　　　）

5．面试时，莫让他人陪同入场。（　　　）

三、选择题

1．正确的礼仪着装之道，体现为（　　　）等原则。

　　A．体现身份　　　B．扬长避短　　　C．注意场合　　　D．严守规范

2．在面谈中，面试官对求职者的了解，语言交流只占（　　　）的比例，眼神交流和面试者的气质、形象、身体语言占了绝大部分。

　　A．10%　　　　　B．20%　　　　　C．30%　　　　　D．40%

3．私人距离：（　　　）cm，稍伸手可及，适合亲密握手，有亲切感。

A．15～46　　　　　B．46～76　　　　　C．76～122　　　　D．122～213

4．（　　）不要过分惊喜，首先表达诚挚的谢意，并希望在今后的工作中合作愉快，共创辉煌的业绩。

　　A．当时被录用时　　　　　　　　B．当时没被录用时

　　C．暂时不知道结果时

5．适度恰当的手势有（　　）。

　　A．表示关注的手势　　　　　　　B．表示开放的手势

　　C．表示有把握的手势　　　　　　D．表示强调的手势

四、实训练习

针对下列情景，请学生以小组形式完成练习。要求：① 在演练过程中拍下视频资料，留存回放，并在学习结束后进行对比；② 每个情景演练，要自我评价、小组互评、老师点评，作为过程考核的成绩。

1．你即将参加某品牌汽车 4S 店的招聘，作为汽车营销专业学生的你应如何赢得面试的成功？现在请进入情景。

2．你是即将毕业的大学生，面临应聘自己心仪的工作岗位，求职准备要注意的事项很多，你将做好哪些准备？现在请进入情景。

3．张明是即将毕业的大三学生，在参加一家心仪的汽车 4S 店招聘面试的过程中，面对面试官，他不停地搓擦双手，眼睛看着桌面，眼皮下垂。作为求职者，在面试过程中，他应该如何注意遵守面试的礼仪规范呢？现在请进入情景。

参考文献

［1］金正昆. 商务礼仪教程[M]. 北京：中国人民大学出版社，2009.

［2］李巍. 商务礼仪[M]. 北京：北京大学出版社，2009.

［3］金正昆. 服务礼仪教程[M]. 北京：中国人民大学出版社，2010.

［4］戚叔林，刘焰. 汽车维修服务[M]. 北京：人民交通出版社，2010.

［5］夏志华. 汽车营销服务礼仪[M]. 北京：北京大学出版社，2016.